Manual dos Recursos Trabalhistas

VERA LÚCIA CARLOS

Procuradora do Trabalho do Ministério Público do Trabalho, lotada na Procuradoria Regional do Trabalho da 2ª Região/São Paulo. Mestre em Direito das Relações Sociais. Antes de ingressar no Ministério Público da União foi advogada, atuando durante muitos na assessoria jurídica para várias empresas em São Paulo — SP. Professora do curso de pós-graduação lato sensu de especialização em Direito do Trabalho e Processual do Trabalho da Escola Paulista de Direito (EPD), em São Paulo — SP. Desde 2009 é coordenadora do curso lato sensu de especialização em Direito do Trabalho e Processual do Trabalho do curso preparatório para carreiras jurídicas Flávio Monteiro de Barros (FMB), em São Paulo.

MANUAL DOS RECURSOS TRABALHISTAS

EDITORA LTDA.
© Todos os direitos reservados

Rua Jaguaribe, 571
CEP 01224-001
São Paulo, SP — Brasil
Fone (11) 2167-1101
www.ltr.com.br

Produção Gráfica e Editoração Eletrônica: R. P. TIEZZI
Projeto de Capa: FABIO GIGLIO
Impressão: COMETA GRÁFICA E EDITORA
LTr 4548.2
Junho, 2012

Dados Internacionais de Catalogação na Publicação (CIP)
(Câmara Brasileira do Livro, SP, Brasil)

Carlos, Vera Lúcia
  Manual dos recursos trabalhistas / Vera Lúcia Carlos. — São Paulo : LTr, 2012.

  Bibliografia
  ISBN 978-85-361- 2101-7

  1. Direito do trabalho — Brasil 2. Recursos (Direito) 3. Recursos (Direito) — Brasil I. Título.

12-02539   CDU-347.955:331(81)

Índice para catálogo sistemático:
1. Brasil : Recursos : Direito processual do trabalho   347.955:331(81)

Dedico este livro às minhas netas Bruna e Beatriz pela alegria que proporcionam à minha vida.

Sumário

Apresentação 13

Capítulo I. Teoria Geral dos Recursos Trabalhistas 15
1. Recurso. Conceito 15
2. Natureza jurídica do recurso 15
3. Fundamentos 16
4. Atos sujeitos a recurso no processo do trabalho 16
5. Princípios recursais no processo do trabalho 17
    5.1. Princípio da taxatividade 17
    5.2. Princípio da singularidade ou da unirrecorribilidade 18
    5.3. Princípio da variabilidade 18
    5.4. Princípio da fungibilidade 18
    5.5. Princípio do *non reformatio in pejus* 19
    5.6. Princípio da concentração ou da irrecorribilidade das decisões interlocutórias 19
    5.7. Princípio da voluntariedade 22
6. Pressupostos de admissibilidade recursal 23
    6.1. Pressupostos objetivos 23
        6.1.1. Legalidade ou taxatividade 23
        6.1.2. Recorribilidade do ato ou cabimento 24
        6.1.3. Adequação 25
        6.1.4. Tempestividade 26

  6.1.5. Preparo 28
  6.1.6. Regularidade formal do recurso 40
 6.2. Pressupostos recursais subjetivos ou intrínsecos 43
  6.2.1. Legitimidade 43
  6.2.2. Capacidade 47
  6.2.3. Interesse 47
 6.3. Análise dos pressupostos de admissibilidade recursal 48
7. Desistência e renúncia do recurso 49
8. Aceitação da sentença ou renúncia ao direito de recorrer 50
9. Proibição da *reformatio in pejus* 51
10. Litisconsórcio e recurso 51
11. Efeito dos recursos trabalhistas 52
 11.1. Efeito devolutivo 53
 11.2. Efeito devolutivo em profundidade 53
 11.3. Efeito translativo 56
 11.4. Efeito substitutivo do recurso 57
 11.5. Efeito extensivo 57
 11.6. Efeito regressivo 57
 11.7. Efeito suspensivo 57
12. Forma de interposição dos recursos 58
13. Recurso e direito intertemporal 60

Capítulo II. Recursos em Espécie 62

1. Embargos de declaração 63
 1.1. Natureza jurídica 63
 1.2. Cabimento 64
 1.3. Embargos de declaração de decisão proferida nos embargos de declaração 65
 1.4. Sentenças irrecorríveis e os embargos de declaração 66
 1.5. Prazo para interposição 66

Manual dos Recursos Trabalhistas

Vera Lúcia Carlos

Procuradora do Trabalho do Ministério Público do Trabalho, lotada na Procuradoria Regional do Trabalho da 2ª Região/São Paulo. Mestre em Direito das Relações Sociais. Antes de ingressar no Ministério Público da União foi advogada, atuando durante muitos na assessoria jurídica para várias empresas em São Paulo — SP. Professora do curso de pós-graduação lato sensu de especialização em Direito do Trabalho e Processual do Trabalho da Escola Paulista de Direito (EPD), em São Paulo — SP. Desde 2009 é coordenadora do curso lato sensu de especialização em Direito do Trabalho e Processual do Trabalho do curso preparatório para carreiras jurídicas Flávio Monteiro de Barros (FMB), em São Paulo.

Manual dos Recursos Trabalhistas

EDITORA LTDA.
© Todos os direitos reservados

Rua Jaguaribe, 571
CEP 01224-001
São Paulo, SP — Brasil
Fone (11) 2167-1101
www.ltr.com.br

Produção Gráfica e Editoração Eletrônica: R. P. TIEZZI
Projeto de Capa: FABIO GIGLIO
Impressão: COMETA GRÁFICA E EDITORA
LTr 4548.2
Junho, 2012

Dados Internacionais de Catalogação na Publicação (CIP)
(Câmara Brasileira do Livro, SP, Brasil)

Carlos, Vera Lúcia
    Manual dos recursos trabalhistas / Vera Lúcia Carlos. — São Paulo : LTr, 2012.

    Bibliografia

    ISBN 978-85-361-2101-7

    1. Direito do trabalho — Brasil 2. Recursos (Direito) 3. Recursos (Direito) — Brasil I. Título.

12-02539   CDU-347.955:331(81)

Índice para catálogo sistemático:
1. Brasil : Recursos : Direito processual do trabalho   347.955:331(81)

Dedico este livro às minhas netas Bruna e Beatriz pela alegria que proporcionam à minha vida.

Sumário

Apresentação 13

Capítulo I. Teoria Geral dos Recursos Trabalhistas 15
1. Recurso. Conceito 15
2. Natureza jurídica do recurso 15
3. Fundamentos 16
4. Atos sujeitos a recurso no processo do trabalho 16
5. Princípios recursais no processo do trabalho 17
   5.1. Princípio da taxatividade 17
   5.2. Princípio da singularidade ou da unirrecorribilidade 18
   5.3. Princípio da variabilidade 18
   5.4. Princípio da fungibilidade 18
   5.5. Princípio do *non reformatio in pejus* 19
   5.6. Princípio da concentração ou da irrecorribilidade das decisões interlocutórias 19
   5.7. Princípio da voluntariedade 22
6. Pressupostos de admissibilidade recursal 23
   6.1. Pressupostos objetivos 23
      6.1.1. Legalidade ou taxatividade 23
      6.1.2. Recorribilidade do ato ou cabimento 24
      6.1.3. Adequação 25
      6.1.4. Tempestividade 26

  6.1.5. Preparo 28
  6.1.6. Regularidade formal do recurso 40
 6.2. Pressupostos recursais subjetivos ou intrínsecos 43
  6.2.1. Legitimidade 43
  6.2.2. Capacidade 47
  6.2.3. Interesse 47
 6.3. Análise dos pressupostos de admissibilidade recursal 48
7. Desistência e renúncia do recurso 49
8. Aceitação da sentença ou renúncia ao direito de recorrer 50
9. Proibição da *reformatio in pejus* 51
10. Litisconsórcio e recurso 51
11. Efeito dos recursos trabalhistas 52
 11.1. Efeito devolutivo 53
 11.2. Efeito devolutivo em profundidade 53
 11.3. Efeito translativo 56
 11.4. Efeito substitutivo do recurso 57
 11.5. Efeito extensivo 57
 11.6. Efeito regressivo 57
 11.7. Efeito suspensivo 57
12. Forma de interposição dos recursos 58
13. Recurso e direito intertemporal 60

Capítulo II. Recursos em Espécie 62

1. Embargos de declaração 63
 1.1. Natureza jurídica 63
 1.2. Cabimento 64
 1.3. Embargos de declaração de decisão proferida nos embargos de declaração 65
 1.4. Sentenças irrecorríveis e os embargos de declaração 66
 1.5. Prazo para interposição 66

6.1.3. Adequação

Deve haver uma adequação entre o recurso interposto e a decisão a ser impugnada. Para cada espécie de pronunciamento jurisdicional a lei estabelece o recurso cabível. É certo que no processo do trabalho também vigora o princípio da fungibilidade que autoriza o conhecimento de um recurso por outro desde que não se trate de erro grosseiro, quando então não será conhecido o recurso.

A compatibilidade do princípio da fungibilidade dos recursos com o processo do trabalho é admitida pelo TST, como se verifica da Súmula n. 421 do TST, antiga Orientação Jurisprudencial n. 74 da SDI-2:

> SÚMULA N. 421. EMBARGOS DECLARATÓRIOS CONTRA DECISÃO MONOCRÁTICA DO RELATOR CALCADA NO ART. 557 DO CPC. CABIMENTO (conversão da Orientação Jurisprudencial n. 74 da SBDI-2) – Res. n. 137/2005, DJ 22, 23 e 24.8.2005
>
> I – Tendo a decisão monocrática de provimento ou denegação de recurso, prevista no art. 557 do CPC, conteúdo decisório definitivo e conclusivo da lide, comporta ser esclarecida pela via dos embargos de declaração, em decisão aclaratória, também monocrática, quando se pretende tão somente suprir omissão e não, modificação do julgado.
>
> II – Postulando o embargante efeito modificativo, os embargos declaratórios deverão ser submetidos ao pronunciamento do Colegiado, convertidos em agravo, em face dos princípios da fungibilidade e celeridade processual. (ex-OJ n. 74 da SBDI-2 – inserida em 8.11.2000)

Assim, segundo o art. 535 do Código de Processo Civil, cabem embargos declaratórios apenas para sanar obscuridade, contradição ou omissão "na sentença ou no acórdão". Desta forma, a interposição de embargos de declaração contra decisão monocrática que denega seguimento ou dá provimento a recurso fere o princípio da adequação recursal. Todavia, constando-se a inequívoca intenção de reforma da decisão embargada, os embargos declaratórios devem ser conhecidos como agravo (art. 557, § 1º, CPC), ante o princípio da fungibilidade (art. 579 do CPC). Precedentes do E. STF.

A aplicação do princípio da fungibilidade recursal no processo do trabalho é imperiosa em face do reconhecimento do *jus postulandi* às partes, de forma que em regra a parte não será prejudicada na hipótese de interposição de um recurso por outro desde que: a) não haja má-fé; b) não seja a hipótese de erro grosseiro; e c) tenham sido atendidos os pressupostos de admissibilidade do recurso próprio, entre eles o respeito ao prazo do recurso próprio (não pode ser admitido um recurso por outro quando o recurso cabível tinha prazo menor para interposição a este prazo, não foi observado).

6.1.4. Tempestividade

Os recursos deverão ser interpostos no prazo previsto na lei que é peremptório. O recurso interposto fora do prazo, isto é, antes ou depois do prazo recursal, é considerado intempestivo e o direito de recorrer se torna precluso. Conforme já salientamos, a Lei n. 5.584/1970 procedeu à uniformização dos prazos para interposição dos recursos trabalhistas, fixando-os no prazo de oito dias.

Nos termos do disposto na Consolidação das Leis do Trabalho o prazo para a interposição de recurso começa:

1) na data da leitura da sentença proferida em audiência, quando estiverem presentes as partes (data que foi publicada a decisão – art. 834 da CLT); De acordo com o entendimento sedimentado pelo TST na Súmula n. 197, "O prazo para o recurso da parte que, intimada, não comparecer à audiência designada para a prolação da sentença conta-se a partir de sua publicação";

2) na data da intimação das partes, quando a sentença não for proferida em audiência;

3) na data em que foi publicada a conclusão do acórdão no órgão oficial.

Na contagem do prazo do recurso, deve ser respeitado o disposto no *caput* do art. 775 da CLT, de forma que se conta o prazo com exclusão do dia do começo e inclusão do dia do vencimento.

Os prazos recursais que vencem em sábado, domingo e feriado terminarão no primeiro dia útil subsequente (art. 775, parágrafo único, da CLT) e cabe à parte comprovar, quando da interposição do recurso, a existência de feriado local que justifique a prorrogação do prazo recursal (Súmula n. 385 do TST).

A interposição antes ou depois de abrir-se o prazo viola esse pressuposto de admissibilidade porque, no primeiro caso, torna o recurso prematuro e, no segundo, tardio, duas formas diferentes de identificá-lo como intempestivo (fora do tempo) ou inoportuno (fora de oportunidade).

Os efeitos advindos dessas duas formas são, todavia, bem diversos. A precocidade leva à rejeição do recebimento sem impedir a interposição no momento oportuno. Mas tardança consuma o trânsito em julgado da sentença ou a preclusão em face da decisão interlocutória.

Quando se tratar de recurso de agravo de instrumento interposto pelo Ministério Público, a aferição da tempestividade do recurso interposto deve ser feita levando em conta as regras contidas no OJ n. 20 do TST:

> AGRAVO DE INSTRUMENTO. MINISTÉRIO PÚBLICO. PRESSUPOSTOS EXTRÍNSECOS. Para aferição da tempestividade do Agravo de Instrumento interposto pelo Ministério Público, desnecessário o traslado da certidão de publicação do despacho agravado, bastando a juntada da cópia da intimação pessoal na qual conste a respectiva data de recebimento. (Lei Complementar n. 75/1993, art. 83, IV).

No que se refere a análise da tempestividade do recurso e observância de prazo judicial, o Tribunal Superior do Trabalho editou várias súmulas e orientações jurisprudenciais que serão transcritas a seguir:

a) SÚMULA N. 1. PRAZO JUDICIAL. Quando a intimação tiver lugar na sexta feira, ou a publicação com efeito de intimação for feita nesse dia, o prazo judicial será contado da segunda-feira imediata, inclusive, salvo se não houver expediente, caso em que fluirá no dia útil que se seguir.

b) SÚMULA N. 16. NOTIFICAÇÃO. PRESUNÇÃO DE RECEBIMENTO. Presume-se recebida a notificação 48 (quarenta e oito) horas depois de sua postagem. O seu não recebimento ou a entrega após o decurso desse prazo constitui ônus de prova do destinatário.

c) SÚMULA N. 30. INTIMAÇÃO DA SENTENÇA (mantida) – Res. n. 121/2003, DJ 19, 20 e 21.11.2003. Quando não juntada a ata ao processo em 48 horas, contadas da audiência de julgamento (art. 851, § 2º, da CLT), o prazo para recurso será contado da data em que a parte receber a intimação da sentença.

d) SÚMULA N. 262. PRAZO JUDICIAL. NOTIFICAÇÃO OU INTIMAÇÃO EM SÁBADO. RECESSO FORENSE (incorporada a Orientação Jurisprudencial n. 209 da SBDI-1) – Res. n. 129/2005, DJ 20, 22 e 25.4.2005. I – Intimada ou notificada a parte no sábado, o início do prazo se dará no primeiro dia útil imediato e a contagem, no subsequente (ex-Súmula n. 262 – Res. n. 10/1986, DJ 31.10.1986). II – O recesso forense e as férias coletivas dos Ministros do Tribunal Superior do Trabalho (art. 177, § 1º, do RITST) suspendem os prazos recursais. (ex-OJ n. 209 da SBDI-1 – inserida em 8.11.2000)

e) SÚMULA N. 385. FERIADO LOCAL. AUSÊNCIA DE EXPEDIENTE FORENSE. PRAZO RECURSAL. PRORROGAÇÃO. COMPROVAÇÃO. NECESSIDADE (conversão da Orientação Jurisprudencial n. 161 da

SBDI-1) – Res. n. 129/2005, DJ 20, 22 e 25.4.2005. Cabe à parte comprovar, quando da interposição do recurso, a existência de feriado local ou de dia útil em que não haja expediente forense, que justifique a prorrogação do prazo recursal. (ex-OJ n. 161 da SBDI-1 – inserida em 26.3.1999)

f) OJ-SDI1T N. 20. TEMPESTIVIDADE AGRAVO DE INSTRUMENTO MINISTÉRIO PÚBLICO. PRESSUPOSTOS EXTRÍNSECOS. Inserida em 13.2.2001. Para aferição da tempestividade do AI interposto pelo Ministério Público, desnecessário o traslado da certidão de publicação do despacho agravado, bastando a juntada da cópia da intimação pessoal na qual conste a respectiva data de recebimento (Lei Complementar n. 75/93, art. 84, IV).

A União, os Estados, o Distrito Federal, os Municípios e as autarquias ou fundações de direito público federais, estaduais ou municipais que não explorem atividade econômica têm prazo em dobro para recorrer (art. 1º, III, do Decreto-lei n. 779/1969). As sociedades de economia mista e empresas públicas que explorem atividade econômica não têm o privilégio do prazo em dobro para recorrer, pois o Decreto n. 779/1969, por criar privilégios processuais, deve ser interpretado restritivamente.

A doutrina e a jurisprudência trabalhista sedimentaram o entendimento de que não se aplica no processo do trabalho a regra contida no art. 191 do CPC, por absoluta incompatibilidade, de forma que os litisconsortes com diferentes procuradores não têm o prazo em dobro para recorrer. Nesse sentido, a Orientação Jurisprudencial n. 310 do TST– SDI-1

OJ N. 310. LITISCONSORTES. PROCURADORES DISTINTOS, PRAZO EM DOBRO. ART. 191 DO CPC. INAPLICÁVEL AO PROCESSO DO TRABALHO. A regra contida no art. 191 do CPC é inaplicável ao processo do trabalho, em decorrência da sua incompatibilidade com o princípio da celeridade inerente ao processo trabalhista.

6.1.5. Preparo

No processo do trabalho, em vista da regra contida no art. 899, § 1º, da CLT, qualquer recurso somente será admitido mediante o depósito do valor da condenação, bem como das custas processuais. Diante da relevância desse dispositivo legal transcrevemos:

Art. 899. Os recursos serão interpostos por simples petição e terão efeito meramente devolutivo, salvo as exceções previstas neste Título, permitida a execução provisória até a penhora.

§ 1º Sendo a condenação de valor até 10 (dez) vezes o valor de referência regional, nos dissídios individuais, só será admitido o recurso, inclusive o extraordinário, mediante prévio depósito da respectiva importância. Transitada em julgado a decisão recorrida, ordenar-se-á o levantamento imediato da importância do depósito, em favor da parte vencedora, por simples despacho do juiz.

§ 2º Tratando-se de condenação de valor indeterminado, o depósito corresponderá ao que for arbitrado para efeito de custas, pela Junta ou Juízo de Direito, até o limite de 10 (dez) vezes o valor de referência regional.

§ 3º Revogado pela Lei n. 7.033, de 5.10.1982, DOU 6.10.1982.

§ 4º O depósito de que trata o § 1º far-se-á na conta vinculada do empregado a que se refere o art. 2º da Lei n. 5.107, de 13 de setembro de 1966, aplicando-se-lhe os preceitos dessa lei, observado, quanto ao respectivo levantamento, o disposto no § 1º.

§ 5º Se o empregado ainda não tiver conta vinculada aberta em seu nome, nos termos do art. 2º da Lei n. 5.107, de 13 de setembro de 1966, a empresa procederá à respectiva abertura, para efeito do disposto no § 2º.

§ 6º Quando o valor da condenação, ou o arbitrado para fins de custas, exceder o limite de 10 (dez) vezes o valor de referência regional, o depósito para fins de recurso será limitado a este valor.

No que se refere às custas na ação trabalhista, dispõe o § 1º do art. 789 da CLT que estas serão pagas pelo vencido, após o trânsito em julgado da decisão. No caso de recurso, as custas serão pagas, e comprovado o recolhimento dentro do prazo recursal.

Em face do princípio da proteção do trabalhador, no processo do trabalho o empregado somente será responsável pelo pagamento das custas judiciais se ação for julgada totalmente improcedente, ou se o processo for julgado extinto sem julgamento de mérito, e ainda deverá ser observado se o reclamante empregado não é beneficiário da justiça gratuita.

No entanto, de acordo com a Instrução Normativa n. 27/2005, salvo nas lides decorrentes de relação de emprego, é aplicável o princípio da sucumbência recíproca, aplicando-se, assim, a regra contida no art. 21 do CPC.

Em relação aos dissídios coletivos, as partes vencidas responderão solidariamente pelo pagamento das custas calculadas sobre o valor arbitrado na decisão.

Os arts. 789 e 790 da CLT estabelecem as principais regras que devem ser observadas em relação ao valor das custas processuais e, por oportuno, transcrevemos abaixo:

> Art. 789. Nos dissídios individuais e nos dissídios coletivos do trabalho, nas ações e procedimentos de competência da Justiça do Trabalho, bem como nas demandas propostas perante a Justiça Estadual, no exercício da jurisdição trabalhista, as custas relativas ao processo de conhecimento incidirão à base de 2% (dois por cento), observado o mínimo de R$ 10,64 (dez reais e sessenta e quatro centavos) e serão calculadas:
>
> I – quando houver acordo ou condenação, sobre o respectivo valor;
>
> II – quando houver extinção do processo, sem julgamento do mérito, ou julgado totalmente improcedente o pedido, sobre o valor da causa;
>
> III – no caso de procedência do pedido formulado em ação declaratória e em ação constitutiva, sobre o valor da causa;
>
> IV – quando o valor for indeterminado, sobre o que o juiz fixar.

O art. 790-A por sua vez dispõe:

> São isentos do pagamento de custas, além dos beneficiários de justiça gratuita:
>
> I – a União, os Estados, o Distrito Federal, os Municípios e respectivas autarquias e fundações públicas federais, estaduais ou municipais que não explorem atividade econômica;
>
> II – o Ministério Público do Trabalho.
>
> Parágrafo único. A isenção prevista neste artigo não alcança as entidades fiscalizadoras do exercício profissional, nem exime as pessoas jurídicas referidas no inciso I da obrigação de reembolsar as despesas judiciais realizadas pela parte vencedora.

O depósito recursal possui natureza jurídica de garantia do juízo da execução e por essa razão a empresa, ainda que vencida parcialmente deverá efetuar o depósito recursal, e de acordo com a Instrução Normativa n. 27/2005, mesmo nas demandas que envolvam relação de trabalho, e não relação de emprego, em caso de recurso, exige-se o depósito recursal.

Em relação ao valor a ser depositado, tem-se que deve corresponder ao valor da condenação, e se esse valor for superior ao limite estabelecido na Lei n. 8.177/1991 deposita-se o valor limite, mas, se o valor da condenação for inferior ao limite legal, deposita-se apenas o valor da condenação.

Segundo a Orientação Jurisprudencial n. 140 da SDI-1 do TST, ocorre a deserção do recurso pelo recolhimento insuficiente das custas e do depósito recursal, ainda que a diferença em relação ao *quantum* devido seja ínfima, referente a centavos.

O depósito recursal deve ser realizado em conta vinculada do FGTS, mediante Guia de Recolhimento do FGTS (GRF) e Informações à Previdência Social (GFIP), conforme prevê a Circular MF/CEF n. 222, de 21.9.2001. Por meio da Instrução Normativa n. 26/2004, o TST autorizou a realização do depósito recursal utilizando a Guia de Recolhimento do FGTS e Informações à Previdência Social (GFIP) gerada pelo aplicativo da CEF (Caixa Econômica Federal) denominado "Sistema Empresa de Recolhimento do FGTS e Informações à Previdência Social (SEIP)" – GFIP gerada eletronicamente –, ou por intermédio da GFIP avulsa, disponível no comércio e no site da CEF. A aludida Instrução Normativa acrescenta que o empregador que fizer uso da GFIP gerada eletronicamente poderá efetuar o depósito judicial via *Internet Banking* ou diretamente em qualquer agência da CEF ou dos bancos conveniados. Segundo a referida Instrução Normativa, a comprovação do depósito recursal será realizada da seguinte forma: a) no caso de pagamento efetuado em agência da CEF ou bancos conveniados, mediante a juntada aos autos da guia GFIP devidamente autenticada; b) na hipótese de recolhimento via Internet, com a apresentação do comprovante de recolhimento/FGTS via Internet Banking, bem como Guia de Recolhimento para fins de recurso na Justiça do Trabalho.

O empregador, para efeito de depósito recursal, deverá abrir conta que seja atualizada com correção monetária, quando o trabalhador ainda não tenha conta aberta em seu nome ou não tiver direito ao FGTS.

O depósito pode ser realizado fora da sede do juízo em que tramita o processo, desde que à sua disposição, em qualquer agência bancária, que o transferirá para a Caixa Econômica Federal.

Conforme Instrução Normativa n. 18/2000 do TST, é válida, para a comprovação do depósito recursal, a guia em que constem pelo menos os nomes do recorrente e do recorrido, o número do processo, a designação do juízo em que tramita o feito e a explicitação do valor depositado, desde que autenticada pelo banco recebedor.

O credenciamento dos bancos para o fim de recebimento de depósito recursal é fato notório, independendo de prova (Súmula n. 217 do TST).

Estão dispensadas do depósito recursal as pessoas jurídicas de direito público federais, estaduais, distritais e municipais (art. 1º-A da Lei n. 9.494/1997, acrescentado pelo art. 4º da Medida Provisória n. 2.280/1935, de 24.8.2001), o mesmo ocorrendo com a massa falida e a herança jacente (item X da Instrução Normativa n. 3/1993 do TST e Súmula n. 86 do TST), mas não estão dispensadas do depósito recursal as empresas em liquidação extrajudicial (Súmula n. 86 do TST), sociedades de economia mista e empresas públicas que explorem atividade econômica (art. 173, § 1º, II, da Constituição Federal e Súmula n. 170 do TST).

Havendo condenação solidária de duas ou mais empresas, o depósito recursal, efetuado por uma delas, aproveita as demais, quando a empresa que efetuou o depósito não pleiteia sua exclusão da lide (Súmula n. 128, III, do TST e art. 509, *caput* e parágrafo único, do CPC). Se for requerida a exclusão da lide da empresa que realizou o depósito recursal, este não aproveita aos demais vencidos, na medida em que, sendo acolhido o pedido de exclusão, a execução não estará garantida. Sendo a condenação *subsidiária,* cada recorrente deverá efetuar o depósito recursal, sob pena de deserção de seu recurso, uma vez que o recurso de um devedor só aproveita os outros devedores quando as defesas opostas ao credor forem as mesmas, o que não ocorre na condenação subsidiária, em que os devedores são chamados a juízo por fundamentos distintos. Ademais, o art. 509, parágrafo único, do CPC somente refere-se à solidariedade, não alcançando a hipótese de subsidiariedade.

Da natureza de garantia da execução do depósito recursal decorre que "com o trânsito em julgado da decisão condenatória os valores depositados e seus acréscimos serão considerados na execução" (item II, f, da Instrução Normativa n. 3/1993 do TST), devendo ser ordenado, por simples despacho, o seu imediato levantamento pela parte vencedora (art. 899, § 1º, da CLT).

O benefício da justiça gratuita, se deferido ao reclamado, não o dispensa da obrigação de realizar o depósito recursal, uma vez que este tem natureza de garantia da execução, que é exigível também da parte beneficiada pela justiça gratuita.

Tendo em vista a referência, no art. 899, § 4º, da CLT, ao depósito na conta vinculada do trabalhador, prevalece o entendimento de que o depósito recursal somente é exigido do empregador ou tomador de serviços – sob essa ótica, o trabalhador, condenado a pagar determinada importância ao empregador ou tomador de seus serviços, está dispensado da realização do depósito recursal. A opção do legislador é explicada, visto que o trabalhador não tem, em geral, condições de arcar com a prévia garantia do juízo, de forma que

dele não se exige, para recorrer, o depósito recursal, sob pena de inviabilizar o seu acesso ao duplo grau de jurisdição, ao passo que a intenção do legislador, ao instituir o depósito recursal, é assegurar a mais rápida satisfação do crédito reconhecido ao trabalhador.

Também merece ser destacado que a lei faculta aos juízes, órgãos julgadores e presidentes dos tribunais do trabalho de qualquer instância conceder, a requerimento ou de ofício, o benefício da justiça gratuita, inclusive quanto a traslados e instrumentos, àqueles que perceberem salário igual ou inferior ao dobro do mínimo legal, ou declararem, sob as penas da lei, que não estão em condições de pagar as custas do processo sem prejuízo do sustento próprio ou de sua família. É o que dispõe o § 3º do art. 790 da CLT *in verbis:*

> Art. 790. Nas Varas do Trabalho, nos Juízos de Direito, nos Tribunais e no Tribunal Superior do Trabalho, a forma de pagamento das custas e emolumentos obedecerá às instruções que serão expedidas pelo Tribunal Superior do Trabalho.
>
> § 1º Tratando-se de empregado que não tenha obtido o benefício da justiça gratuita, ou isenção de custas, o sindicato que houver intervindo no processo responderá solidariamente pelo pagamento das custas devidas.

Tratando-se de empregado que não tenha obtido o benefício da justiça gratuita, ou isenção de custas, o sindicato que houver intervindo no processo responderá solidariamente pelo pagamento das custas devidas (CLT, art. 790, § 1º). Isso significa que, se o empregado não tiver sido contemplado com o instituto da assistência judiciária ou obtido a isenção das custas, caberá ao sindicato que tiver atuado como assistente do empregado demandante (Lei n. 5.584/1970, art. 14) efetuar o pagamento das custas como pressuposto de admissibilidade do recurso, sob pena de deserção. A jurisprudência, no entanto, tem admitido a isenção das custas, se o requerimento for feito na própria petição recursal encaminhada ao Relator do processo.

A lei que trata do pagamento das custas como pressuposto recursal (CLT, art. 789, § 1º) há de ser impetrada restritivamente, razão pela qual as demais despesas processuais, como honorários periciais, honorários advocatícios e emolumentos processuais, não constituem pressupostos de admissibilidade dos recursos trabalhistas, pois tais despesas não se inserem no conceito de custas ou emolumentos.

A Instrução Normativa n. 27/2005 estabelece que as ações derivadas de relação de emprego ou de trabalho obedecerão, quanto às custas e ao depósito recursal, os dispositivos legais previstos na CLT, todavia, quando versarem sobre relação de trabalho, aplica-se em relação às regras de sucumbência o disposto no art. 21 do CPC, que prevê: se cada litigante for em parte vencedor e vencido, serão recíproca e proporcionalmente distribuídos entre eles os honorários e as despesas trata-se do princípio da sucumbência recíproca, fundado nos seguintes termos:

> Art. 21 do CPC. Se cada litigante for em parte vencedor e vencido, serão recíproca e proporcionalmente distribuídos e compensados entre eles os honorários e as despesas.

No entanto, se um dos litigantes decair em parte mínima do pedido, o outro responderá, por inteiro, pelas despesas e honorários (art. 21, parágrafo único, do CPC). É o que se extrai da dicção do § 3º da IN TST n. 27/2005, *in verbis:*

> Salvo nas lides decorrentes da relação de emprego, é aplicável o princípio da sucumbência recíproca, relativamente às custas.

Por fim, importante ressaltar que a Lei n. 12.275/2010 deu nova redação ao § 7º do art. 899 da CLT, estabelecendo a obrigatoriedade de ser efetuado depósito prévio recursal para o agravo de instrumento, no montante de 50% do valor do depósito recursal efetuado quando da interposição do recurso que não foi conhecido.

A falta de depósito recursal, bem como o não recolhimento das custas processuais, ou ainda os recolhimentos efetuados a menor ou comprovados após o decurso dos prazos respectivos para a sua realização terão como consequência a denegação ao recurso interposto, por deserto.

Registre-se também que a atualização dos valores referentes ao depósito é feita por Ato da Presidência do Tribunal Superior do Trabalho, *que entra em vigor após o quinto dia de sua publicação no DJU.*

Com a finalidade de regulamentar as regras contidas no art. 8º da Lei n. 8.542/1992, o TST baixou a Instrução Normativa n. 3, sendo certo que a referida instrução normativa foi recentemente atualizada, por força da Resolução n. 168/2010, a fim de se adequar à exigência do depósito recursal no recurso de agravo de instrumento, conforme determinado pela Lei n. 12.275/2010, e que possui atualmente a seguinte redação:

INSTRUÇÃO NORMATIVA N. 3

Interpreta o art. 8º da Lei n. 8.542, de 23.12.1992 (DOU de 24.12.1992), que trata do depósito para recurso nas ações na Justiça do Trabalho e a Lei n. 12.275, de 29 de junho de 2010, que altera a redação do inciso I do § 5º do art. 897 e acresce o § 7º ao art. 899, ambos da Consolidação das Leis do Trabalho – CLT, aprovada pelo Decreto-Lei n. 5.452, de 1º de maio de 1943.

I – Os depósitos de que trata o art. 40, e seus parágrafos, da Lei n. 8.177/1991, com a redação dada pelo art. 8º da Lei n. 8.542/1992, **e o depósito de que tratam o § 5º, I, do art. 897 e o § 7º do art. 899, ambos da CLT, com a redação dada pela Lei n. 12.275, de 29.6.2010,** não têm natureza jurídica de taxa de recurso, mas de garantia do juízo recursal, que pressupõe decisão condenatória ou executória de obrigação de pagamento em pecúnia, com valor líquido ou arbitrado.

II – No processo de conhecimento dos dissídios individuais o valor do depósito é limitado a **R$ 5.889,50 (cinco mil, oitocentos e oitenta e nove reais e cinquenta centavos),** ou novo valor corrigido, para o recurso ordinário, e a **R$ 11.779,02 (onze mil, setecentos e setenta e nove reais e dois centavos)**, ou novo valor corrigido, para cada um dos recursos subsequentes, isto é, de revista, de embargos (ditos impropriamente infringentes) e extraordinário, para o Supremo Tribunal Federal, observando-se o seguinte:

a) para o recurso de agravo de instrumento, o valor do "depósito recursal corresponderá a 50% (cinquenta por cento) do valor do depósito do recurso ao qual se pretende destrancar";

b) depositado o valor total da condenação, nenhum depósito será exigido nos recursos das decisões posteriores, salvo se o valor da condenação vier a ser ampliado;

c) se o valor constante do primeiro depósito, efetuado no limite legal, é inferior ao da condenação, será devida complementação de depósito em recurso posterior, observado o valor nominal remanescente da condenação e/ou os limites legais para cada novo recurso;

d) havendo acréscimo ou redução da condenação em grau recursal, o juízo prolator da decisão arbitrará novo valor à condenação, quer para a exigibilidade de depósito ou complementação do já depositado, para o caso de recurso subsequente, quer para liberação do valor excedente decorrente da redução da condenação;

e) nos dissídios individuais singulares o depósito será efetivado pelo recorrente, mediante a utilização das guias correspondentes, na conta do empregado no FGTS – Fundo de Garantia do Tempo de Serviço, em conformidade com os §§ 4º e 5º do art. 899 da CLT, ou fora dela, desde que feito na sede do juízo e permaneça à disposição deste, mediante guia de depósito judicial extraída pela Secretaria Judiciária;

f) nas reclamatórias plúrimas e nas em que houver substituição processual, será arbitrado o valor total da condenação, para o atendimento da exigência legal do depósito recursal, em conformidade com as alíneas anteriores, mediante guia de depósito judicial extraída pela Secretaria Judiciária do órgão em que se encontra o processo;

g) com o trânsito em julgado da decisão condenatória, os valores que tenham sido depositados e seus acréscimos serão considerados na execução;

h) com o trânsito em julgado da decisão que absolveu o demandado da condenação, ser-lhe-á autorizado o levantamento do valor depositado e seus acréscimos.

III – Julgada procedente ação rescisória e imposta condenação em pecúnia, será exigido um único depósito recursal, até o limite máximo de **R$ 11.779,02 (onze mil, setecentos e setenta e nove reais e dois centavos),** ou novo valor corrigido, dispensado novo depósito para os recursos subsequentes, **salvo o depósito do agravo de instrumento, previsto na Lei n. 12.275/2010,** observando-se o seguinte:

a) o depósito será efetivado pela parte recorrente vencida, mediante guia de depósito judicial expedida pela Secretaria Judiciária, à disposição do juízo da causa;

b) com o trânsito em julgado da decisão, se condenatória, o valor depositado e seus acréscimos serão considerados na execução; se absolutória, será liberado o levantamento do valor do depositado e seus acréscimos.

IV – A exigência de depósito no processo de execução observará o seguinte:

a) a inserção da vírgula entre as expressões "... aos embargos" e "à execução..." é atribuída a erro de redação, devendo ser considerada a locução "embargos à execução";

b) dada a natureza jurídica dos embargos à execução, não será exigido depósito para a sua oposição quando estiver suficientemente garantida a execução por depósito recursal já existente nos autos, efetivado no processo de conhecimento, que permaneceu vinculado à execução, e/ou pela nomeação ou apreensão judicial de bens do devedor, observada a ordem preferencial estabelecida em lei;

c) garantida integralmente a execução nos embargos, só haverá exigência de depósito em qualquer recurso subsequente do devedor se tiver havido elevação do valor do débito, hipótese em que o depósito recursal corresponderá ao valor do acréscimo, sem qualquer limite;

d) o depósito previsto no item anterior será efetivado pelo executado recorrente, mediante guia de depósito judicial expedida pela Secretaria Judiciária, à disposição do juízo da execução;

e) com o trânsito em julgado da decisão que liquidar a sentença condenatória, serão liberados em favor do exequente os valores disponíveis, no limite da quantia exequenda, prosseguindo, se for o caso, a execução por crédito remanescente, e autorizando-se o levantamento, pelo executado, dos valores que acaso sobejarem.

V – Nos termos da redação do § 3º do art. 40, não é exigido depósito para recurso ordinário interposto em dissídio coletivo, eis que a regra aludida atribui apenas valor ao recurso, com efeitos limitados, portanto, ao cálculo das custas processuais.

VI – Os valores alusivos aos limites de depósito recursal serão reajustados **anualmente** pela variação acumulada do INPC do IBGE dos doze meses imediatamente anteriores, e serão calculados e publicados no **Diário Eletrônico da Justiça do Trabalho** por ato do Presidente do Tribunal Superior do Trabalho, tornando-se obrigatória a sua observância a partir do quinto dia seguinte ao da publicação.

VII – Toda decisão condenatória ilíquida deverá conter o arbitramento do valor da condenação. O acréscimo de condenação em grau recursal, quando ilíquido, deverá ser arbitrado também para fins de depósito.

VIII – O depósito judicial, realizado na conta do empregado no FGTS ou em estabelecimento bancário oficial, mediante guia à disposição do juízo, será da responsabilidade da parte quanto à exatidão dos valores depositados e deverá ser comprovado, nos autos, pelo recorrente, no prazo do recurso a que se refere, independentemente da sua antecipada interposição, observado o limite do valor vigente na data da efetivação do depósito, bem como o contido no item VI, **salvo no que se refere à comprovação do depósito recursal em agravo de instrumento, que observará o disposto no art. 899, § 7º, da CLT, com a redação da Lei n. 12.275/2010.**

IX – é exigido depósito recursal para o recurso adesivo, observados os mesmos critérios e procedimentos do recurso principal previsto nesta Instrução Normativa.

X – Não é exigido depósito recursal, em qualquer fase do processo ou grau de jurisdição, dos entes de direito público externo e das pessoas de direito público contempladas no Decreto-Lei n. 779, de 21.8.1969, bem assim da massa falida, da herança jacente e da parte que, comprovando insuficiência de recursos, receber assistência judiciária integral e gratuita do Estado (art. 5º, LXXIV, CF).

XI – Não se exigirá a efetivação de depósito em qualquer fase ou grau recursal do processo, fora das hipóteses previstas nesta Instrução Normativa.

XII – Havendo acordo para extinção do processo, as partes disporão sobre o valor depositado. Na ausência de expressa estipulação dos interessados, o valor disponível será liberado em favor da parte depositante.

Por fim, o preparo do recurso deve sempre observar ainda o entendimento jurisprudencial sedimentado pelo Tribunal Superior do Trabalho constante das suas súmulas e orientações jurisprudenciais que tratam do pagamento das custas e deposito recursal e que por oportuno transcrevemos abaixo:

1) SÚMULA N. 25. CUSTAS – Res. n. 121/2003, DJ 19, 20 e 21.11.2003

A parte vencedora na primeira instância, se vencida na segunda, está obrigada, independentemente de intimação, a pagar as custas fixadas na sentença originária, das quais ficara isenta a parte então vencida.

2) SÚMULA N. 36. CUSTAS – Res. n. 121/2003, DJ 19, 20 e 21.11.2003

Nas ações plúrimas as custas incidem sobre o respectivo valor global.

3) SÚMULA N. 53. CUSTAS – Res. n. 121/2003, DJ 19, 20 e 21.11.2003

O prazo para pagamento das custas, no caso de recurso, é contado da intimação do cálculo.

4) SÚMULA N. 86. DESERÇÃO. MASSA FALIDA. EMPRESA EM LIQUIDAÇÃO EXTRAJUDICIAL (incorporada a Orientação Jurisprudencial n. 31 da SBDI-1) – Res. n. 129/2005, DJ 20, 22 e 25.4.2005

Não ocorre deserção de recurso da massa falida por falta de pagamento de custas ou de depósito do valor da condenação. Esse privilégio, todavia, não se aplica à empresa em liquidação extrajudicial.

5) SÚMULA N. 128 do TST – I – É ônus da parte recorrente efetuar o depósito legal integralmente em relação a cada novo recurso interposto, sob pena de deserção. Atingido o valor da condenação, nenhum depósito mais é exigido para qualquer recurso. II – Garantido o juízo na fase executória, a exigência de depósito para recorrer de qualquer decisão, viola os incisos II e LV do art. 5º da Constituição Federal. Havendo porém a elevação do valor do débito, exige-se a complementação da garantia do juízo. III – Havendo condenação solidária entre duas ou mais empresas, o depósito recursal efetuado por uma delas aproveita as demais, quando a empresa que efetuou o depósito não pleiteia sua exclusão da lide;

6) SÚMULA N. 170. SOCIEDADE DE ECONOMIA MISTA. CUSTAS (mantida) – Res. n. 121/2003, DJ 19, 20 e 21.11.2003

Os privilégios e isenções no foro da Justiça do Trabalho não abrangem as sociedades de economia mista, ainda que gozassem desses benefícios anteriormente ao Decreto-Lei n. 779, de 21.08.1969 (ex--Prejulgado n. 50)

7) OJ-SDI1 N. 33. DESERÇÃO. CUSTAS. CARIMBO DO BANCO. VALIDADE. Inserida em 25.11.1996.

O carimbo do banco recebedor na guia de comprovação do recolhimento das custas supre a ausência de autenticação mecânica.

8) OJ-SDI1 N. 104. CUSTAS. CONDENAÇÃO ACRESCIDA. INEXISTÊNCIA DE DESERÇÃO QUANDO AS CUSTAS NÃO SÃO EXPRESSAMENTE CALCULADAS E NÃO HÁ INTIMAÇÃO DA PARTE PARA O PREPARO DO RECURSO, DEVENDO, ENTÃO, SER AS CUSTAS PAGAS AO FINAL (redação alterada na sessão do Tribunal Pleno realizada em 17.11.2008) – Res. n. 150/2008, DJe divulgado em 20, 21 e 24.11.2008

Não caracteriza deserção a hipótese em que, acrescido o valor da condenação, não houve fixação ou cálculo do valor devido a título de custas e tampouco intimação da parte para o preparo do recurso, devendo, pois, as custas ser pagas ao final.

9) OJ-SDI2 N. 148. CUSTAS. MANDADO DE SEGURANÇA. RECURSO ORDINÁRIO. EXIGÊNCIA DO PAGAMENTO (conversão da Orientação Jurisprudencial n. 29 da SBDI-1) – Res. n. 129/2005, DJ 20.4.2005

É responsabilidade da parte, para interpor recurso ordinário em mandado de segurança, a comprovação do recolhimento das custas processuais no prazo recursal, sob pena de deserção. (ex-OJ n. 29 – inserida em 20.9.2000)

10) OJ-SDI1 N. 53. CUSTAS. EMBARGOS DE TERCEIRO. INTERPOSTOS ANTERIORMENTE À LEI N. 10.537/2002. INEXIGÊNCIA DE RECOLHIMENTO PARA A INTERPOSIÇÃO DE AGRAVO DE PETIÇÃO (conversão da Orientação Jurisprudencial n. 291 da SBDI-1, DJ 20.4.2005)

Tratando-se de embargos de terceiro, incidentes em execução, ajuizados anteriormente à Lei n. 10.537/2002, incabível a exigência do recolhimento de custas para a interposição de agravo de petição por falta de previsão legal. (ex-OJ n. 291 da SBDI-1 – inserida em 11.8.2003)

11) OJ-SDI1 N. 409. MULTA POR LITIGÂNCIA DE MÁ-FÉ. RECOLHIMENTO. PRESSUPOSTO RECURSAL. INEXIGIBILIDADE (DEJT divulgado em 22, 25 e 26.10.2010)

O recolhimento do valor da multa imposta por litigância de má-fé, nos termos do art. 18 do CPC, não é pressuposto objetivo para interposição dos recursos de natureza trabalhista. Assim, resta inaplicável o art. 35 do CPC como fonte subsidiária, uma vez que, na Justiça do Trabalho, as custas estão reguladas pelo art. 789 da CLT.

12) OJ-SDI2 N. 88. MANDADO DE SEGURANÇA. VALOR DA CAUSA. CUSTAS PROCESSUAIS. CABIMENTO. Inserida em 13.3.2002

Incabível a impetração de mandado de segurança contra ato judicial que, de ofício, arbitrou novo valor à causa, acarretando a majoração das custas processuais, uma vez que cabia à parte, após recolher as custas, calculadas com base no valor dado à causa na inicial, interpor recurso ordinário e, posteriormente, agravo de instrumento no caso de o recurso ser considerado deserto.

13) SÚMULA N. 217. DEPÓSITO RECURSAL. CREDENCIAMENTO BANCÁRIO. PROVA DISPENSÁVEL (mantida) – Res. n. 121/2003, DJ 19, 20 e 21.11.2003

O credenciamento dos bancos para o fim de recebimento do depósito recursal é fato notório, independendo da prova.

14) SÚMULA N. 245. DEPÓSITO RECURSAL. PRAZO (mantida) – Res. n. 121/2003, DJ 19, 20 e 21.11.2003

O depósito recursal deve ser feito e comprovado no prazo alusivo ao recurso. A interposição antecipada deste não prejudica a dilação legal.

15) SÚMULA N. 424. RECURSO ADMINISTRATIVO. PRESSUPOSTO DE ADMISSIBILIDADE. DEPÓSITO PRÉVIO DA MULTA ADMINISTRATIVA. NÃO RECEPÇÃO PELA CONSTITUIÇÃO FEDERAL DO § 1º DO ART. 636 DA CLT – Res. n. 160/2009, DJe divulgado em 23, 24 e 25.11.2009

O § 1º do art. 636 da CLT, que estabelece a exigência de prova do depósito prévio do valor da multa cominada em razão de autuação administrativa como pressuposto de admissibilidade de recurso administrativo, não foi recepcionado pela Constituição Federal de 1988, ante a sua incompatibilidade com o inciso LV do art. 5º.

6.1.6. Regularidade formal do recurso

Quanto à forma do recurso trabalhista, deve ser observado:

    a) Assinatura – Devem ser assinadas a petição de juntada do recurso e as razões recursais. Mas Orientação Jurisprudencial n. 120 da SDI do TST dispõe que mesmo estando as razões recursais sem assinatura, admite-se o recurso se assinada a petição que apresenta o recurso.

    b) Regularidade da Representação (Procuração).

O Tribunal Superior do Trabalho já sedimentou o entendimento de que as regras contidas no art. 13 do CPC não se aplicam em sede de recurso.

Também no que se refere à regularidade de representação deve ser observado o entendimento do Tribunal Superior do Trabalho sedimentado através das súmulas e orientações jurisprudenciais abaixo:

    a) SÚMULA N. 164. PROCURAÇÃO. JUNTADA (nova redação) – Res. n. 121/2003, DJ 19, 20 e 21.11.2003

O não cumprimento das determinações dos §§ 1º e 2º do art. 5º da Lei n. 8.906, de 4.7.1994 e do art. 37, parágrafo único, do Código de

Processo Civil importa o não conhecimento de recurso, por inexistente, exceto na hipótese de mandato tácito.

b) SÚMULA N. 383. MANDATO. ARTS. 13 E 37 DO CPC. FASE RECURSAL. INAPLICABILIDADE (conversão das Orientações Jurisprudenciais ns. 149 e 311 da SBDI-1) – Res. n. 129/2005, DJ 20, 22 e 25.4.2005

I – É inadmissível, em instância recursal, o oferecimento tardio de procuração, nos termos do art. 37 do CPC, ainda que mediante protesto por posterior juntada, já que a interposição de recurso não pode ser reputada ato urgente. (ex-OJ n. 311 da SBDI-1 – DJ 11.8.2003)

II – Inadmissível na fase recursal a regularização da representação processual, na forma do art. 13 do CPC, cuja aplicação se restringe ao Juízo de 1º grau. (ex-OJ n. 149 da SBDI-1 – inserida em 27.11.1998)

c) SÚMULA N. 395. MANDATO E SUBSTABELECIMENTO. CONDIÇÕES DE VALIDADE (conversão das Orientações Jurisprudenciais ns. 108, 312, 313 e 330 da SBDI-1) – Res. 129/2005, DJ 20, 22 e 25.4.2005

I – Válido é o instrumento de mandato com prazo determinado que contém cláusula estabelecendo a prevalência dos poderes para atuar até o final da demanda. (ex-OJ n. 312 da SBDI-1 – DJ 11.8.2003)

II – Diante da existência de previsão, no mandato, fixando termo para sua juntada, o instrumento de mandato só tem validade se anexado ao processo dentro do aludido prazo. (ex-OJ n. 313 da SBDI-1 – DJ 11.8.2003)

III – São válidos os atos praticados pelo substabelecido, ainda que não haja, no mandato, poderes expressos para substabelecer (art. 667, e parágrafos, do Código Civil de 2002). (ex-OJ n. 108 da SBDI-1 – inserida em 1º.10.1997)

IV – Configura-se a irregularidade de representação se o substabelecimento é anterior à outorga passada ao substabelecente. (ex-OJ n. 330 da SBDI-1 – DJ 9.12.2003)

d) OJ-SDI1 N. 7. ADVOGADO. ATUAÇÃO FORA DA SEÇÃO DA OAB ONDE O ADVOGADO ESTÁ INSCRITO. AUSÊNCIA DE COMUNICAÇÃO. (LEI N. 4.215/1963, § 2º, ART. 56). INFRAÇÃO DISCIPLINAR. NÃO IMPORTA NULIDADE. (inserido dispositivo) – DJ 20.4.2005

A despeito da norma então prevista no art. 56, § 2º, da Lei n. 4.215/1963, a falta de comunicação do advogado à OAB para o exercício profissional em seção diversa daquela na qual tem inscrição não importa nulidade dos atos praticados, constituindo apenas infração disciplinar, que cabe àquela instituição analisar.

e) OJ-SDI1 N. 52. MANDATO. PROCURADOR DA UNIÃO, ESTADOS, MUNICÍPIOS E DISTRITO FEDERAL, SUAS AUTARQUIAS E FUNDAÇÕES PÚBLICAS. DISPENSÁVEL A JUNTADA DE PROCURAÇÃO. (LEI N. 9.469,

DE 10 DE JULHO DE 1997) (inserido dispositivo e atualizada a legislação, DJ 20.4.2005)

A União, Estados, Municípios e Distrito Federal, suas autarquias e fundações públicas, quando representadas em juízo, ativa e passivamente, por seus procuradores, estão dispensadas da juntada de instrumento de mandato.

f) OJ-SDI1 N. 75. SUBSTABELECIMENTO SEM O RECONHECIMENTO DE FIRMA DO SUBSTABELECENTE. INVÁLIDO (ANTERIOR À LEI N. 8.952/1994). Inserida em 1º.2.1995 (inserido dispositivo, DJ 20.4.2005)

Não produz efeitos jurídicos recurso subscrito por advogado com poderes conferidos em substabelecimento em que não consta o reconhecimento de firma do outorgante. Entendimento aplicável antes do advento da Lei n. 8.952/1994.

g) OJ-SDI1 N. 371. IRREGULARIDADE DE REPRESENTAÇÃO. SUBSTABELECIMENTO NÃO DATADO. INAPLICABILIDADE DO ART. 654, § 1º, DO CÓDIGO CIVIL. DJe 3, 4 e 5.12.2008

Não caracteriza a irregularidade de representação a ausência da data da outorga de poderes, pois, no mandato judicial, ao contrário do mandato civil, não é condição de validade do negócio jurídico. Assim, a data a ser considerada é aquela em que o instrumento for juntado aos autos, conforme preceitua o art. 370, IV, do CPC. Inaplicável o art. 654, § 1º, do Código Civil.

h) OJ-SDI2 N. 151. AÇÃO RESCISÓRIA E MANDADO DE SEGURANÇA. IRREGULARIDADE DE REPRESENTAÇÃO PROCESSUAL VERIFICADA NA FASE RECURSAL. PROCURAÇÃO OUTORGADA COM PODERES ESPECÍFICOS PARA AJUIZAMENTO DE RECLAMAÇÃO TRABALHISTA. VÍCIO PROCESSUAL INSANÁVEL. (DJe divulgado em 3, 4 e 5.12.2008)

A procuração outorgada com poderes específicos para ajuizamento de reclamação trabalhista não autoriza a propositura de ação rescisória e mandado de segurança, bem como não se admite sua regularização quando verificado o defeito de representação processual na fase recursal, nos termos da Súmula n. 383, item II, do TST.

i) OJ-SDI1 N. 373. IRREGULARIDADE DE REPRESENTAÇÃO. PESSOA JURÍDICA. PROCURAÇÃO INVÁLIDA. AUSÊNCIA DE IDENTIFICAÇÃO DO OUTORGANTE E DE SEU REPRESENTANTE. ART. 654, § 1º, DO CÓDIGO CIVIL (DJe divulgado em 10, 11 e 12.3.2009)

Não se reveste de validade o instrumento de mandato firmado em nome de pessoa jurídica em que não haja a sua identificação e a de seu representante legal, o que, a teor do art. 654, § 1º, do Código Civil, acarreta, para a parte que o apresenta, os efeitos processuais da inexistência de poderes nos autos.

j) OJ-SDI1 N. 374. AGRAVO DE INSTRUMENTO. REPRESENTAÇÃO PROCESSUAL. REGULARIDADE. PROCURAÇÃO OU SUBSTABELECIMENTO COM CLÁUSULA LIMITATIVA DE PODERES AO ÂMBITO DO TRIBUNAL REGIONAL DO TRABALHO (DJe divulgado em 19, 20 e 22.4.2010)

É regular a representação processual do subscritor do agravo de instrumento ou do recurso de revista que detém mandato com poderes de representação limitados ao âmbito do Tribunal Regional do Trabalho, pois, embora a apreciação desse recurso seja realizada pelo Tribunal Superior do Trabalho, a sua interposição é ato praticado perante o Tribunal Regional do Trabalho, circunstância que legitima a atuação do advogado no feito.

k) OJ-SDI1T N. 65. REPRESENTAÇÃO JUDICIAL DA UNIÃO. ASSISTENTE JURÍDICO. APRESENTAÇÃO DO ATO DE DESIGNAÇÃO (DJe divulgado em 3, 4 e 5.12.2008)

A ausência de juntada aos autos de documento que comprove a designação do assistente jurídico como representante judicial da União (art. 69 da Lei Complementar n. 73, de 10.2.1993) importa irregularidade de representação.

6.2. Pressupostos recursais subjetivos ou intrínsecos

Os pressupostos subjetivos dizem respeito aos sujeitos do processo, e costumam ser apontados em doutrina como sendo a legitimidade, capacidade e interesse.

6.2.1. Legitimidade

Conforme disposto no art. 499 do CPC, aplicado subsidiariamente no processo do trabalho por força do disposto no art. 769 da CLT, são legitimados para recorrer: a parte, o Ministério Público do Trabalho e o terceiro interessado.

Parte é aquele que propõe e aquele em face de quem se propõe a demanda, ou seja, são as pessoas que compõem o polo ativo e o polo passivo da relação jurídica processual. Por ser considerado parte, o litisconsorte também pode apresentar recurso, observando-se que, tratando-se de litisconsórcio unitário, conforme a regra do art. 509 do CPC, o recurso de um litisconsorte aproveita os demais. O assistente litisconsorcial também pode apresentar recurso, porque é considerado litisconsorte do assistido, mas a lei nega ao simples assistente a legitimidade para recorrer, salvo se o assistido assim o permitir.

O art. 898 da CLT atribui ao Presidente do Tribunal legitimidade para recorrer contra as decisões proferidas em dissídio coletivo que afetam empresa de serviço público ou, em qualquer caso, contra as proferidas em processo de revisão de sentenças normativas (o art. 898 da CLT cria uma espécie de remessa obrigatória no dissídio coletivo). No entanto, a doutrina tem negado a legitimidade do juiz para recorrer. Nelson Nery Junior afirma que "a lei processual não inclui o juiz no rol dos legitimados a recorrer, porque o magistrado não pode, em nenhuma hipótese, interpor recurso".[5] O impropriamente denominado "recurso *ex officio*" (CPC, art. 475) não é, em verdade, recurso, mas sim, condição de eficácia da sentença.[6]

MINISTÉRIO PÚBLICO DO TRABALHO

O Ministério Público do Trabalho tem legitimidade para recorrer, caso tenha atuado no processo como parte ou fiscal da lei. É o que dispõe o art. 83, VI, da LC n. 75/1993, segundo o qual compete ao Ministério Público do Trabalho o exercício das seguintes atribuições junto aos órgãos da Justiça do Trabalho:

> recorrer das decisões da Justiça do Trabalho, quando entender necessário, tanto nos processos em que for parte, como naqueles em que oficiar como fiscal da lei, bem como pedir revisão dos Enunciados da Súmula de Jurisprudência do Tribunal Superior do Trabalho.

Não obstante a literalidade da referida norma, o TST, a nosso ver incorretamente, vem adotando interpretação restritiva, como se infere das seguintes Orientações Jurisprudenciais:

> PRESCRIÇÃO. MINISTÉRIO PÚBLICO. ARGUIÇÃO. *CUSTOS LEGIS*. ILEGITIMIDADE (nova redação, DJ 20.4.2005). Ao exarar o parecer na remessa de ofício, na qualidade de *custos legis*, o Ministério Público não tem legitimidade para arguir a prescrição em favor de entidade de direito público, em matéria de direito patrimonial (arts. 194 do CC de 2002 e 219, § 5º, do CPC) (SBDI-1 OJ n. 130).

> MINISTÉRIO PÚBLICO DO TRABALHO. ILEGITIMIDADE PARA RECORRER. O Ministério Público não tem legitimidade para recorrer na defesa de interesse patrimonial privado, inclusive de empresas públicas e sociedades de economia mista (SDI-1 OJ n. 237).

Não há como se acolher o entendimento jurisprudencial do TST, uma vez que, conforme expressa determinação legal, o juízo de

---

(5) *Direito processual do trabalho*, p. 418.
(6) *Teoria geral dos recursos*, p. 308.

oportunidade e conveniência a respeito da interposição do recurso é do órgão do Ministério Público.

Ademais, a defesa do patrimônio das empresas estatais, embora pessoas jurídicas de direito privado, constitui matéria de relevante interesse público, pois essas entidades, como órgãos integrantes da administração pública indireta, estão sujeitas à observância dos princípios constitucionais da legalidade, moralidade, publicidade, impessoalidade e eficiência (CF, art. 37, *caput*).

O STJ adota posição diametralmente oposta à do TST, como se depreende das Súmulas ns. 99 e 226, *in verbis*:

> 99. O Ministério Público tem legitimidade para recorrer no processo em que oficiou como fiscal da lei, ainda que não haja recurso da parte.
>
> 266. O Ministério Público tem legitimidade para recorrer na ação de acidente do trabalho, ainda que o segurado esteja assistido por advogado.

Importante ressaltar que a SDI-1 do TST reconheceu o equívoco da orientação adotada quanto à legitimação e ao interesse recursal do Ministério Público do Trabalho nas hipóteses de contratação de servidores sem prévia aprovação em concurso público pelas empresas estatais deixando certo na OJ n. 338 a sua legitimidade,

> MINISTÉRIO PÚBLICO DO TRABALHO. LEGITIMIDADE PARA RECORRER. SOCIEDADE DE ECONOMIA MISTA E EMPRESA PÚBLICA. CONTRATO NULO. Há interesse do Ministério Público do Trabalho para recorrer contra decisão que declara a existência de vínculo empregatício com sociedade de economia mista ou empresa pública, após a CF/1988, sem a prévia aprovação em concurso.

Contudo, mesmo em matéria recursal, ao Ministério Público é defeso exercer a representação judicial de entidades públicas, conforme disposto no art. 129, IX, da Constituição Federal, não lhe sendo lícito recorrer para suprir a falha da defesa daquelas entidades, inclusive porque a fiscalização do cumprimento da lei, que cabe ao Ministério Público, deve se dar dentro dos limites da lide e não para inová-la.

Conforme a regra presente no inciso VIII do art. 83 da Lei Complementar n. 75/1993, e no § 5º da Lei n. 7.701/1988, formalizado o acordo em dissídio coletivo e uma vez homologado, não cabe nenhum recurso, salvo do Ministério Público do Trabalho quanto às questões estabelecidas em sentença normativa que contrariar a lei ou orientação jurisprudencial do TST.

Terceiro interessado

O conceito de terceiro interessado pode ser extraído do art. 499 do CPC. De acordo com o disposto no § 1º do mencionado artigo, o terceiro interessado é aquele que possui um nexo de interdependência entre o seu interesse de intervir e a relação jurídica submetida à apreciação judicial.

Ainda não se chegou a um consenso sobre a possibilidade de interposição de recurso pelo perito no que concerne aos seus honorários. O perito, conforme sustentam alguns doutrinadores, além de não ser parte, teria apenas interesse econômico a ser defendido no processo, o que impediria o seu recurso como terceiro prejudicado. Outros afirmam que o perito tem interesse jurídico no não aviltamento do valor do seu trabalho, fato que o legitima a recorrer no processo do trabalho, como terceiro prejudicado, quando não forem fixados na decisão os honorários periciais que lhe forem devidos ou forem estes fixados em valor ínfimo.

Parece que a corrente mais aceita é a que afirma que os auxiliares do juízo em geral, como o escrivão, diretor de secretaria, escrevente, contador, partidor, depositário judicial, perito judicial e assistente técnico, não têm legitimidade para recorrer porque não são parte nem terceiro prejudicado. A lide discutida em juízo não lhes diz respeito. Se o pronunciamento judicial puder lhes causar algum prejuízo, poderão discutir a matéria em ação autônoma, não no processo em que funcionaram na condição de auxiliares.

> PERITO. LEGITIMIDADE PARA RECORRER. Perito, sendo mero auxiliar técnico do juiz, não é parte no feito, faltando-lhe, por conseguinte, legitimidade processual para recorrer. (RR-133299/94.1 – AC. 2ª T. – 7554/95 – 17ª Região, Rel. Min. João Tezza. TST, un., DJU 16.2.1996, p. 3.201)

Tampouco a testemunha tem legitimidade recursal. Entretanto, quando for parte em incidente processual de seu interesse, esses auxiliares têm legitimidade recursal. Referimo-nos, por exemplo, aos incidentes de impedimento e suspeição. O arrematante tem legitimidade e interesse jurídico para, como terceiro prejudicado, apresentar um recurso relativo à arrematação.

A doutrina tem entendido que, além das partes originárias da relação processual, tem legitimação para interpor recurso, na qualidade de terceiro prejudicado ou interessado: o sucessor ou herdeiro (CLT, arts. 10 e 448); a empresa condenada solidária ou subsidiária (CLT, art. 2º, § 2º; TST, Súmula n. 331, IV); o subempreiteiro, o empreiteiro principal ou o dono da obra (CLT, art. 455), os sócios de fato nas sociedades não juridicamente constituídas, além das pessoas físicas e jurídicas por força de normas de direito civil, que se vinculem à parte que figurou na demanda (CCB, art. 265); os litisconsortes e assistentes (simples ou litisconsorciais); o substituto processual.

6.2.2. Capacidade

A mesma capacidade que a lei processual exige para se ingressar em juízo (art. 8º do CPC) deve existir no momento da interposição dos recursos, uma vez que o exercício do direito de recorrer configura-se típico ato processual.

> Jurisprudência ART. 13 DO CPC. APLICABILIDADE EM GRAU DE RECURSO.
>
> A aplicação do art. 13 do CPC cinge-se à primeira instância, sendo inaplicável em grau de Recurso. (Proc. n. TST-AG-AI-116452/94.0 – AC. 2ª T. – 7.901/95 – 9ª Região, Rel. Juiz Convocado Pimenta de Mello. TST, un., DJU 9.2.1996, p. 2.291)

6.2.3. Interesse

A parte para recorrer deverá ter interesse, ou seja, o recurso deve ser útil à parte. Ressalta-se que o interesse não está relacionado com a sucumbência, pois há situações em que a parte foi vencedora na lide, mas tem interesse em recorrer.

Há sucumbência quando o conteúdo da parte dispositiva da decisão judicial diverge do que foi requerido pela parte no processo (sucumbência formal) ou quando, independentemente das pretensões deduzidas pelas partes no processo, a decisão judicial coloca a parte ou o terceiro em situação jurídica pior daquela que tinha antes do processo, isto é, quando a decisão produzir efeitos desfavoráveis à parte ou ao terceiro (sucumbência material), ou, ainda, quando a parte não obteve no processo tudo aquilo que poderia ter obtido (...) a sucumbência há de ser aferida sob o ângulo objetivo, quer dizer, sob critério objetivo de verificação do gravame ou prejuízo.

Ainda que o réu tenha arguido a carência da ação na defesa, tem ele interesse em interpor recurso com a finalidade de obter uma sentença de improcedência da ação, com a intenção de evitar a repropositura da ação.

A doutrina critica essa opinião, afirmando que, segundo o direito positivo brasileiro, não seria admissível ao réu interpor recurso de apelação de sentença de extinção do processo sem provimento de mérito, para pleitear a improcedência, pois haveria supressão de instância. É certo, no entanto, que, se a sentença julgou improcedente o pedido do autor, o réu não terá interesse em recorrer para pleitear a extinção do processo pela carência, pois a improcedência é o máximo que poderia obter do processo, e isso ele já obteve.

6.3. Análise dos pressupostos de admissibilidade recursal

O atendimento dos pressupostos recursais é examinado no juízo *a quo* (juízo no qual se recorre) e no juízo *ad quem* (juízo para o qual se recorre), não estando este vinculado à decisão daquele pois o recurso admitido em primeira instância pode ter sua admissão negada na instância superior. O juízo de admissibilidade realizado no juízo no qual se recorre é preliminar e provisório. Conforme entendimento jurisprudencial sedimentado pelo Tribunal Superior do Trabalho na Súmula n. 285, o fato de o juízo primeiro de admissibilidade do recurso de revista entendê-lo cabível apenas quanto à parte das matérias veiculadas não impede sua apreciação integral pela Turma do Tribunal Superior do Trabalho, sendo imprópria a interposição de agravo de instrumento.

Para José Carlos Barbosa Moreira, o juízo de admissibilidade precede o *juízo de mérito*, que é aquele "em que se apura a existência ou inexistência de fundamento para o que se postula, tirando daí as consequências cabíveis, isto é, acolhendo ou rejeitando-se a postulação".[7] No juízo de mérito, é examinada a existência de *error in procedendo* ou *in iudicando*, levando aquele à cassação da decisão; e este, à sua reforma.

O juízo no qual se recorre poderá, apresentadas as contrarrazões, reexaminar os pressupostos de admissibilidade do recurso e negar admissão ao recurso antes admitido (art. 518, parágrafo único, do CPC). É certo também que o juiz não receberá o recurso quando a sentença estiver em conformidade com súmula do Superior Tribunal de Justiça ou do Supremo Tribunal Federal.

Por força do disposto no art. 557 do CPC, ao juiz relator do recurso foi conferido poderes para negar seguimento ao recurso em várias hipóteses, vejamos:

Art. 557. O relator negará seguimento a recurso manifestamente inadmissível, improcedente, prejudicado ou em confronto com súmula

---

(7) *Comentários ao código de processo civil*, v. V, p. 261.

ou com jurisprudência dominante do respectivo tribunal, do Supremo Tribunal Federal, ou de Tribunal Superior.

§ 1º-A. Se a decisão recorrida estiver em manifesto confronto com súmula ou com jurisprudência dominante do Supremo Tribunal Federal, ou de Tribunal Superior, o relator poderá dar provimento ao recurso.

§ 1º Da decisão caberá agravo, no prazo de cinco dias, ao órgão competente para o julgamento do recurso, e, se não houver retratação, o relator apresentará o processo em mesa, proferindo voto; provido o agravo, o recurso terá seguimento.

§ 2º Quando manifestamente inadmissível ou infundado o agravo, o tribunal condenará o agravante a pagar ao agravado multa entre um e dez por cento do valor corrigido da causa, ficando a interposição de qualquer outro recurso condicionada ao depósito do respectivo valor.

O Tribunal Superior do Trabalho, na Instrução Normativa n. 17/2000, firmou o entendimento pela aplicação das regras contidas no referido artigo no processo do trabalho. É que essa medida atende ao princípio da economia processual e à necessidade de celeridade na solução do dissídio, por impedir que seja admitido recurso fadado ao insucesso e, se existe probabilidade de o recurso não ser provido, o juiz está autorizado a negar-lhe seguimento.

Também é importante mencionar que o Tribunal de Justiça firmou o entendimento de que os poderes do relator alcançam o reexame necessário (Súmula n. 253). Há quem afirme que os poderes conferidos ao relator se estendem inclusive ao juiz.

7. Desistência e renúncia do recurso

Também se aplica no processo do trabalho as regras do CPC que tratam da desistência e renúncia ao recurso. Conforme prevê o art. 501 do CPC, o recorrente poderá, a qualquer tempo, sem anuência do recorrido, desistir do recurso. A desistência pode ser total (abranger todas as matérias objeto do recurso) ou parcial (atingir parte das matérias suscitadas no recurso).

A desistência se dá após a interposição do recurso (isto é, pressupõe recurso já interposto) e consiste na manifestação ou demonstração de desinteresse no julgamento do recurso (desistência expressa e tácita, respectivamente), e pode se dar a qualquer tempo, desde que antes do julgamento do recurso, admitindo-se a desistência em sustentação oral.

Embora deva ser homologada (RISTF, art. 21, VIII), a desistência produz, desde logo, efeitos (art. 158 do CPC), sendo, por isso, irretratável.

A doutrina e a jurisprudência já sedimentaram o entendimento de que, por ser titular do direito ao recurso, a parte pode desistir do recurso interposto sem a assistência do seu Advogado. Entretanto, o advogado só poderá desistir em nome de seu cliente trabalhista, se tiver recebido poder especial e expresso para fazê-lo, consoante a regra do art. 38 do CPC, supletivamente aplicável. Por essa razão é inválida a desistência manifestada por advogado investido em mandato tácito, uma vez que nele só se compreendem poderes gerais *ad judicia*.

Também é certo que a parte poderá renunciar ao direito de recorrer, também sem anuência da parte contrária (art. 502 do CPC).

A renúncia ao recurso se dá antes da sua interposição, e pode ser expressa ou tácita sendo certo que o ato de não recorrer importa renúncia tácita ao recurso, e consiste na manifestação ou demonstração da vontade de não impugnar a decisão. A renúncia produz efeitos preclusivos, sendo, por isso, irretratável.

8. Aceitação da sentença ou renúncia ao direito de recorrer

A parte pode aceitar expressa ou tacitamente a sentença e se o fizer não pode apresentar recurso contra ela (art. 503 do CPC). Dá-se a aceitação expressa da decisão quando a parte manifesta a sua concordância com seus termos ao juiz ou à parte contrária. Considera-se aceitação tácita a prática, sem reserva alguma, de um ato incompatível com a vontade de recorrer (art. 503, parágrafo único, do CPC), como se dá, por exemplo, com o depósito, em favor do vencedor, do valor da condenação. A aceitação, segundo a doutrina majoritária, pode ocorrer antes ou depois da interposição do recurso. Para a doutrina minoritária, o art. 503 do CPC impede o recurso da parte que aceita a decisão, o que significa dizer que a aceitação deve ser anterior à apresentação do recurso.

Conforme nos ensina José Carlos Barbosa Moreira, "a desistência pressupõe *recurso interposto*, ao passo que a renúncia é *prévia* à interposição; ademais, a renúncia torna inadmissível o recurso, enquanto a desistência o extingue, independentemente de qualquer investigação sobre a respectiva admissibilidade" e que a renúncia não se confunde com a aquiescência à decisão, que tem com ela "em comum o serem ambas causas de inadmissibilidade do recurso: na aquiescência, a pessoa que tinha interesse em recorrer assume, diante do julgado, atitude de conformação, de assentimento, de anuência; o trancamento das vias recursais é aspecto secundário e consequencial, que pode até não ter sido querido".[8]

Por outro lado, quem renuncia ao recurso ou dele desiste não pode apresentar recurso adesivo – dá-se, na hipótese, a preclusão consumativa.

9. Proibição da *reformatio in pejus*

Para José Carlos Barbosa Moreira, a *reformatio in pejus* ocorre quando "o órgão *ad quem*, no julgamento de um recurso, profere decisão mais desfavorável ao recorrente, sob o ponto de vista prático, do que aquela contra a qual se interpôs o recurso".[9]

Segundo Nelson Nery Junior, "também chamado de 'princípio do efeito devolutivo' e de 'princípio de defesa da coisa julgada parcial', a proibição da *reformatio in pejus* tem por objetivo evitar que o tribunal destinatário do recurso possa decidir de modo a piorar a situação do recorrente, ou porque extrapole o âmbito de devolutividade fixado com a interposição do recurso, ou, ainda, em virtude de não haver recurso da parte contrária".[10]

Na medida em que condiciona a concessão da tutela jurisdicional ao pedido das partes (art. 2º do CPC), o nosso ordenamento jurídico proíbe a *reformatio in pejus*. Essa proibição decorre, ainda, do fato de que o recurso somente devolve ao Tribunal a matéria objeto de impugnação, o que significa que passa em julgado a parte da decisão não impugnada.

É certo, no entanto, que a vedação da *reformatio in pejus* não se aplica às questões que podem ser examinadas de ofício, em relação às quais prevalece o interesse público no seu exame pelo Poder Judiciário.

10. Litisconsórcio e recurso

O art. 509 do CPC deixa certo que "o recurso interposto por um dos litisconsortes a todos aproveita, salvo se distintos ou opostos forem os seus interesses". Essa regra também tem aplicação no processo do trabalho.

---

(8) *Comentários ao código de processo civil,* v. V, p. 339.
(9) *Ibidem,* p. 417-418.
(10) *Teoria geral dos recursos,* p. 516.

A extensão subjetiva dos efeitos do recurso interposto por um dos litisconsortes somente se dá no litisconsórcio unitário, uma vez que "a extensão dos efeitos do recurso aos colitigantes omissos não tem senão uma razão de ser, que é precisamente a de impedir a quebra da uniformidade na disciplina da situação litigiosa (...) a situação jurídica litigiosa submetida à apreciação judicial tem de receber disciplina uniforme (...) tal é o problema do regime especial característico do litisconsórcio unitário".

> Tem-se, portanto, que o recurso do litisconsorte é eficaz em relação aos demais nas seguintes hipóteses: a) quando a impugnação verse matéria pertinente ao mérito da causa (...);
>
> b) quando a impugnação verse matéria que, estranha ao mérito, se sujeita, contudo, excepcionalmente, ao regime especial do litisconsórcio, por sua repercussão na disciplina da situação litigiosa.

O recurso interposto por um dos litisconsortes beneficia mesmo os litisconsortes que tenham desistido dos recursos interpostos, renunciando ao direito de recorrer ou cujos recursos não tenham sido admitidos em razão da necessidade de conferir à situação jurídica idêntico tratamento.

Havendo solidariedade passiva, o recurso interposto por um devedor aproveitará os outros, desde que as defesas opostas ao credor sejam comuns (art. 509, parágrafo único, do CPC).

O Tribunal Superior do trabalho na Súmula n. 128, III, trata do depósito recursal em caso de condenação solidária nos seguintes termos: "havendo condenação solidária de duas ou mais empresas, o depósito recursal efetuado por uma delas aproveita as demais, quando a empresa que efetuou o depósito não pleiteia sua exclusão da lide".

11. EFEITO DOS RECURSOS TRABALHISTAS

Os recursos podem ser recebidos nos efeitos **devolutivo ou suspensivo**. No processo do trabalho, a regra geral é de os recursos terem apenas efeito devolutivo (art. 899 da CLT), salvo quando se tratar de recurso ordinário de sentença normativa prolatada pelo TRT, pois a Lei n. 7.701/1988, no art. 9º, e a Lei n. 10.192/2001, no art. 14, permitem ao Presidente do Tribunal Superior do Trabalho conceder efeito suspensivo pelo prazo improrrogável de 120 (cento e vinte) dias, contados da publicação do acórdão em recurso ordinário interposto em face de sentença normativa proferida pelo Tribunal Regional do Trabalho, salvo se o recurso for julgado antes desse prazo.

11.1. Efeito devolutivo

Para José Carlos Barbosa Moreira, "chama-se devolutivo ao efeito do recurso consistente em transferir ao órgão *ad quem* o conhecimento da matéria julgada em grau inferior de jurisdição (...) há devolução sempre que se transfere ao órgão *ad quem* algo que fora submetido ao órgão *a quo* (...). Quando a lei, a título de exceção, atribui competência ao próprio órgão *a quo* para reexaminar a matéria impugnada, o efeito devolutivo ou não existe (como embargos de declaração), ou fica *diferido*, produzindo-se unicamente após o juízo de retratação: assim no agravo de instrumento (art. 523, § 2º)".[11]

Através do efeito devolutivo tem-se a delimitação da matéria submetida à apreciação e julgamento pelo órgão judicial destinatário do recurso, mesmo porque este só poderá, em regra, julgar as questões debatidas no processo e que constem das razões recursais, mediante pedido de nova decisão.

É certo que o recurso também devolve ao tribunal o conhecimento das questões que devem ser examinadas de ofício. A esse efeito do recurso Nelson Nery Junior denomina *efeito translativo*, afirmando que "a translação dessas questões ao juízo *ad quem* está autorizada nos arts. 515, §§ 1º e 2º, e 516 do CPC".

Em razão do efeito devolutivo, a parte pode requerer a extração de carta de sentença, para liquidação provisória do julgado, que vai até a penhora.

A doutrina e a jurisprudência vêm ampliando o efeito do recurso e aponta a possibilidade de ser conferido ao recurso o efeito devolutivo em profundidade, que será analisado a seguir.

11.2. Efeito devolutivo em profundidade

A profundidade do efeito devolutivo do recurso ordinário nunca foi pacífica, e a aplicação da regra contida nos arts. 515 e 516 do Código de Processo Civil tem dividido a doutrina. Durante muito tempo a jurisprudência tinha certo a impossibilidade de a segunda instância prosseguir no julgamento do mérito de lides que foram encerradas, em primeiro grau, por sentenças terminativas. O funda-

---

(11) *Comentários ao código de processo civil*, v. V, p. 259-260. Para parte da doutrina, no caso de o recurso devolver o julgamento da causa ao mesmo juiz que proferiu a decisão impugnada, o recurso tem efeito regressivo. Nesse caso, não se dá a transferência do julgamento da lide a outro órgão do Poder Judiciário, mas o retorno da causa ao juiz que proferiu a decisão.

mento era no sentido de que nesse caso haveria a violação ao princípio constitucional do duplo grau de jurisdição, garantia inserta no art. 5º, inciso LIV, da Constituição Federal, nos seguintes termos: "ninguém será privado da liberdade ou de seus bens sem o devido processo legal".

No entanto, foi editada a Lei n. 10.352, de 2001, que inseriu o § 3º no art. 515 do CPC, com a seguinte redação: "Nos casos de extinção do processo sem julgamento do mérito (art. 267), o tribunal pode julgar desde logo a lide, se a causa versar questão exclusivamente de direito e estiver em condições de imediato julgamento". A alteração legislativa está em consonância com o princípio constitucional da celeridade e da razoável duração dos processos, e por essa razão a doutrina e a jurisprudência majoritária tem aceitado o efeito devolutivo em profundidade ao fundamento de que quando a Constituição da República afirma que estão assegurados o contraditório e a ampla defesa, com os recursos a ela inerentes, ela não está dizendo que toda e qualquer demanda em que é assegurada a ampla defesa deva sujeitar-se a uma revisão ou a um duplo juízo. Os recursos nem sempre são inerentes à ampla defesa; nos casos em que não é razoável a previsão de um duplo juízo sobre o mérito, como nas hipóteses das causas denominadas de "menor complexidade" – que sofrem os efeitos benéficos da oralidade – ou em outras, assim não definidas, mas que também possam justificar, racionalmente, uma única decisão, não há inconstitucionalidade na dispensa do duplo juízo.

O Supremo Tribunal Federal já decidiu nesse sentido, consoante se vê na Ementa a seguir transcrita, que analisa tanto a questão de o duplo grau de jurisdição ser corolário do devido processo legal, quanto o ponto relativo à competência dos tribunais superiores previsto na Constituição Federal:

> (...) JURISDIÇÃO – DUPLO GRAU – INEXIGIBILIDADE CONSTITUCIONAL. Diante do disposto no inciso III do art. 102 da Carta Política da República, no que revela cabível o extraordinário contra decisão de última ou única instância, o duplo grau de jurisdição, no âmbito da recorribilidade ordinária, não consubstancia garantia constitucional.

Assim, conforme dispõe o art. 515, § 1º, do Código de Processo Civil, ficam submetidos ao tribunal julgador do Recurso Ordinário todos os pontos controvertidos, suscitados no processo, ainda que a sentença não os tenha julgado por inteiro, e levando-se em conta que os pedidos fundam-se em causa de pedir, as quais, uma vez contestadas, formam os pontos controvertidos, então, indiretamente também a análise dos pedidos é devolvida ao tribunal, uma vez que o julgamento é realizado a partir dos pedidos e não puramente da causa de pedir.

O Tribunal Superior do Trabalho acolhe o efeito devolutivo em profundidade do recurso ordinário e sumulou a matéria no seguinte sentido:

> Súmula n. 393. O efeito devolutivo em profundidade do recurso ordinário, que se extrai do § 1º do art. 515 do CPC, transfere automaticamente ao Tribunal a apreciação de fundamentação de defesa não examinado, pela sentença, ainda que não renovado em contrarrazões. Não se aplica, todavia, ao caso de pedido não apreciado na sentença.

Dessa forma, quando a petição inicial possui em relação ao pedido mais de uma causa de pedir, e a sentença acolher apenas um deles, o recurso ordinário também devolve ao tribunal o conhecimento das demais causas de pedir. Exemplo: em uma ação trabalhista, a empregada dispensada imotivadamente pleiteia sua reintegração no emprego, com os seguintes fundamentos jurídicos: a) que se encontrava gestante na data da dispensa; b) que teria sido eleita dirigente sindical da sua categoria profissional antes da dispensa. Se a sentença reconhece a procedência da ação com fundamento na estabilidade da gestante, e a empresa recorre, o tribunal, ao examinar o recurso, verificando que a gestação ocorreu após a dispensa, aprecia o segundo fundamento da inicial e nega provimento ao recurso da reclamada reconhecendo o direito ao emprego por ser a empregada dirigente sindical.

O mesmo se verifica, quando a defesa contém mais de um fundamento, por exemplo: a reclamada alega que a dispensa do empregado se deu por justa causa, pela prática de ato de improbidade e mau procedimento. Havendo recurso do reclamante, o tribunal pode afastar a existência do ato de improbidade, mas negar provimento ao recurso, ao fundamento da ocorrência de mau procedimento.

Importante mencionar que as regras contidas na Súmula n. 393 do TST não se aplicariam à compensação ou retenção não suscitada na defesa, pois tal instituto, a rigor, é autêntico pedido do réu em face do autor, nesse sentido deve ser observado o comando traçado na Orientação Jurisprudencial n. 340 da SDI-1 do TST abaixo transcrita, que, limitando o efeito devolutivo em profundidade, restringe a apreciação pelo segundo grau ao fundamento da defesa não examinado pela sentença e rejeita a análise de pedidos não examinados em primeiro grau de jurisdição.

OJ N. 340. EFEITO DEVOLUTIVO. PROFUNDIDADE. RECURSO ORDINÁRIO. ART. 515, § 1º, DO CPC. APLICAÇÃO. DJ 22.6.2004 (convertida na Súmula n. 393, DJ 20.4.2005). O efeito devolutivo em profundidade do Recurso Ordinário, que se extrai do § 1º do art. 515 do CPC, transfere automaticamente ao Tribunal a apreciação de fundamento da defesa não examinado pela sentença, ainda que não renovado em contrarrazões. Não se aplica, todavia, ao caso de pedido não apreciado na sentença.

Verifica-se que o Tribunal Superior do Trabalho reconhece o efeito translativo do recurso como sinônimo do efeito devolutivo em profundidade, e por essa razão vamos analisar, em seguida, o que se entende por efeito translativo do recurso ordinário.

11.3. EFEITO TRANSLATIVO

O efeito translativo incide, via de regra, nos recursos ordinários e pode ser entendido como a possibilidade de o tribunal apreciar por iniciativa própria as matérias de ordem pública que devem ser conhecidas de ofício a respeito das quais não se opera preclusão (as enumeradas nos arts. 267, § 3º, e 301, § 4º, do CPC) (falta de pressupostos processuais, peremção, litispendência, coisa julgada e falta das condições da ação) (art. 301, § 4º exceção do compromisso arbitral). Também está presente no reexame necessário das sentenças proferidas contra pessoas jurídicas de direito público (DL n. 779/1969), pois estas somente produzem efeitos depois de confirmadas pelo Tribunal.

Com a Lei n. 10.352/2001, que deu nova redação ao § 3º do art. 515 do CPC, ficou autorizado a ampliação do efeito translativo, facultando ao Tribunal, desde logo, julgar a lide que verse exclusivamente sobre questão de direito ou matéria que esteja em condições para julgamento, não requerendo dilação probatória, sendo que o conectivo "e", para muitos, deve ser interpretado como "ou". *É a conhecida teoria da causa madura.*

É certo que o efeito translativo não viola o princípio da proibição do *reformatio in pejus,* uma vez que por meio dele o tribunal não examina pedidos, ma sim aprecia em regra questões de ordem pública que podem ser conhecidas de ofício em sede de recurso de natureza ordinária.

Questão que tem dividido a doutrina e a jurisprudência de nossos tribunais é saber se se aplica no processo do trabalho a regra contida no § 5º do art. 219 do CPC, que permite ao juiz pronunciar de ofício a prescrição. No que se refere ao recurso, saber se o relator pode, de ofício, reconhecer a prescrição que não foi arguida pelo recorrente.

11.4. Efeito substitutivo do recurso

Com o julgamento do recurso, opera-se o efeito substitutivo, uma vez que, conforme art. 512 do CPC, o julgamento proferido pelo tribunal substituirá a sentença ou a decisão recorrida, na parte que foi objeto do recurso. O efeito substitutivo só ocorrerá se o tribunal analisar o mérito do recurso.

11.5. Efeito extensivo

No caso de litisconsórcio unitário, opera-se o efeito extensivo no recurso, uma vez que, de acordo com o art. 500 do CPC, o recurso interposto por um dos litisconsórcios a todos aproveita, salvo se distintos ou opostos seus interesses.

11.6. Efeito regressivo

Consiste na possibilidade de retratação ou reconsideração pelo mesmo julgador da decisão, o que pode ocorrer no agravo de instrumento, ou agravo regimental, quando se tem lícito a autoridade julgadora reconsiderar a decisão.

11.7. Efeito supensivo

Conforme já mencionamos, no processo do trabalho a regra geral é de os recursos terem apenas efeito devolutivo (art. 899 da CLT), No entanto, a Lei n. 10.192/2001, no art. 14, permite ao Presidente do Tribunal Superior do Trabalho conceder efeito suspensivo pelo prazo improrrogável de 120 (cento e vinte) dias, contados da publicação do acórdão em recurso ordinário interposto em face de sentença normativa proferida pelo Tribunal Regional do Trabalho, salvo se o recurso for julgado antes desse prazo.

Com a finalidade de implementar a regra contida no mencionado dispositivo legal, o TST, na Instrução Normativa n. 24/2003, assegura ao Ministro Presidente do Tribunal Superior do Trabalho agendar audiência de tentativa de conciliação, no caso de pedido de efeito suspensivo ao recurso ordinário interposto em face de sentença normativa.

O Tribunal Superior do Trabalho, na Súmula n. 414, item I, consagra o entendimento de que é cabível a ação cautelar inominada, com pedido de liminar para ser conferido efeito suspensivo ao recurso ordinário. Vejamos:

> Súmula n. 414. MANDADO DE SEGURANÇA. ANTECIPAÇÃO DE TUTELA (OU LIMINAR) CONCEDIDA ANTES OU NA SENTENÇA (conversão das Orientações Jurisprudenciais ns. 50, 51, 58, 86 e 139 da SDI-II – Res. n. 137/2005 – DJ 22.8.2005)
>
> I – A antecipação da tutela concedida na sentença não comporta impugnação pela via do mandado de segurança, por ser impugnável mediante recurso ordinário. A ação cautelar é o meio próprio para se obter efeito suspensivo a recurso. (ex-OJ n. 51 – inserida em 20.9.2000)

12. Forma de interposição dos recursos

No direito processual civil, todos os recursos devem ser interpostos por petição perante o juízo *a quo* acompanhados das razões do inconformismo e do pedido de nova decisão.

O art. 899 da CLT dispõe que o recurso será interposto por simples petição. Ao interpretar o referido dispositivo legal, a doutrina tem se dividido. Há quem afirme que o legislador trabalhista dispensou o recorrente de quaisquer formalidades especiais, assim, impor ao recorrente a indicação dos motivos que o levaram a postular o reexame da matéria seria afrontar o princípio da simplicidade do processo e do procedimento. Outros, no entanto, afirmam que o art. 899 da CLT, quando alude a simples petição, trata apenas da forma de interposição do recurso, não dispensando a parte de fundamentá-lo, ou seja, de apresentar os motivos pelos quais impugna a decisão.

Para Valentin Carrion, as razões do inconformismo da parte são requisitos para apreciação do mérito e até para o seu recebimento pelo Juízo recorrido ou simples conhecimento prefacial pelo Juízo *a quo*. A interposição "por simples petição" (CLT, art. 899) significa não haver necessidade de outras formalidades, como, por exemplo, o "termo de agravo nos autos", que era exigido no CPC de 1939, art. 852, vigente quando promulgada a CLT. Mas a fundamentação é indispensável para saber não só quais as partes da sentença recorrida que transitaram em julgado, como para analisar as razões que o Tribunal deverá examinar, convencendo-se ou não, para reformar o julgado.[12]

---

(12) *Comentários à consolidação das leis do trabalho*, p. 759-760.

Segundo Wagner Giglio, "basta uma simples petição para desencadear a revisão do julgado. Mesmo que não se denunciem os motivos da irresignação, o mero pedido de reexame, despido de qualquer fundamentação, é hábil para provocar novo pronunciamento judicial (...) o processo trabalhista, em princípio, deve ser simples, para ser utilizado por leigos, e também porque a devolução do conhecimento da matéria discutida à Corte revisora é eleito legal inerente ao recurso em si, e não de sua fundamentação; tanto assim que a doutrina é unânime ao concluir que se não houver especificação, considera-se que o apelo abrange todo o pronunciamento adverso ao recorrente, contido no julgado".[13]

Acrescenta, ainda, Wagner Giglio que "se são admitidas, sem oposição, contrarrazões de recurso que se limitam a invocar os fundamentos do decisório, sem nada argumentar, pelo mesmo motivo deverá ser admitida a inexistência de fundamentação para o inconformismo do recorrente, mesmo porque a Corte tem obrigação de conhecer o Direito, e deverá aplicá-lo ao caso concreto, ainda que não invocado, corrigindo injustiças e reformando sentença, se for o caso (...) a fundamentação constitui simples ônus do recorrente, que corre o risco de não convencer a Corte revisora do erro, engano ou injustiça da decisão impugnada, mas não requisito essencial do recurso".[14]

Sergio Pinto Martins afirma que as razões do recurso são dispensadas apenas no recurso ordinário, que "pode ser interposto por simples petição, ou seja, não há necessidade de fundamentação, bastando apenas que o recorrente manifeste o seu inconformismo com a decisão, o que pode ser feito inclusive oralmente, porém, neste caso, haverá necessidade de ser feita a redução a termo".[15]

O Tribunal Superior do Trabalho, em relação aos recursos que lhe sejam endereçados, adotou o entendimento de que não há conhecimento de recurso, pela ausência do requisito de admissibilidade inscrito no art. 514, II, do CPC, quando as razões do recurso não impugnam os fundamentos da decisão recorrida nos termos em que fora proposta (Súmula n. 422). Para alguns, essa regra se consubstancia no Princípio da Dialaticidade.

SÚMULA N. 422. RECURSO. APELO QUE NÃO ATACA OS FUNDAMENTOS DA DECISÃO RECORRIDA. NÃO CONHECIMENTO. ART. 514, II, do CPC

---

(13) *Direito processual do trabalho*, p. 406.
(14) *Idem*.
(15) *Direito processual do trabalho*, p. 375.

(conversão da Orientação Jurisprudencial n. 90 da SDI-II – Res. n. 137/2005 – DJ 22.8.2005)

Não se conhece de recurso para o TST, pela ausência do requisito de admissibilidade inscrito no art. 514, II, do CPC, quando as razões do recorrente não impugnam os fundamentos da decisão recorrida, nos termos em que fora proposta. (ex-OJ n. 90 – inserida em 27.5.2002)

Também se tem certo que devem ser assinadas a petição de juntada do recurso e as razões recursais. Mas Orientação Jurisprudencial n. 120 da SDI do TST dispõe que, mesmo estando as razões recursais sem assinatura, admite-se o recurso se assinada a petição que apresenta o recurso, por oportuno, transcrevemos abaixo a referida orientação jurisprudencial:

OJ N. 120. RECURSO. ASSINATURA DA PETIÇÃO OU DAS RAZÕES RECURSAIS. VALIDADE (nova redação, DJ 20.4.2005)

O recurso sem assinatura será tido por inexistente. Será considerado válido o apelo assinado, ao menos, na petição de apresentação ou nas razões recursais.

13. Recurso e direito intertemporal

Na hipótese de acontecer de, no curso do processo, advir lei que torne irrecorrível decisão que antes admitia recurso, ou vice-versa, ou que estabeleça novos pressupostos de admissibilidade recursal, ou que em geral trate de maneira diferente o sistema recursal, por essa razão deve ser analisado qual a lei que regerá os recursos pendentes. A resposta é encontrada no art. 915 da CLT, que deixa certo que os recursos trabalhistas são regidos pela lei vigente na data em que é publicada a decisão impugnada.

Isso significa que a nova lei não afeta o direito ao recurso que a lei vigente na data da publicação da decisão colocava à disposição da parte, mas, quanto ao procedimento cabível, inclusive para o julgamento do recurso, não há dúvidas de que se subordina, desde a respectiva entrada em vigor, às prescrições da nova lei. Aqui, o princípio aplicável é, pura e simplesmente, o da imediata incidência da lei.

É importante assinalar que a ampliação da competência da Justiça do Trabalho, em decorrência da promulgação da EC n. 45/2004, não alterou o sistema recursal trabalhista, como se infere do art. 2º e seu parágrafo único da IN TST n. 27/2005, *in verbis*:

Art. 2º A sistemática recursal a ser observada é a prevista na Consolidação das Leis do Trabalho, inclusive no tocante à nomenclatura, à alçada, aos prazos e às competências.

Parágrafo único. O depósito recursal a que se refere o art. 899 da CLT é sempre exigível como requisito extrínseco do recurso, quando houver condenação em pecúnia.

Capítulo II

Recursos em Espécie

O art. 893 da CLT estabelece que das decisões são admissíveis os seguintes recursos:

I – Embargos;

II – Recurso Ordinário;

III – Recurso de Revista;

IV – Agravo.

No entanto, esse rol de recursos não é taxativo, e deve ser incluído no rol dos recursos trabalhistas o recurso adesivo. A permissão foi negada durante bastante tempo pela jurisprudência trabalhista, mas esse obstáculo está hoje superado pela Súmula n. 283 do TST.

Também poder-se-ia acrescentar o agravo regimental previsto pela Lei n. 7.701, de 21 de dezembro de 1988, e que mereceu tratamento por todos os Regimentos Internos dos Tribunais do Trabalho, bem como os embargos infringentes – alínea "c" do inciso II do art. 2º, do mesmo Diploma Legal.

Assim, apesar da literalidade do art. 893 da CLT, podemos afirmar que das decisões preferidas nas ações trabalhistas podem ser interpostos os seguintes recursos:

a) Recurso Ordinário;

b) Recurso Adesivo;

c) Recurso de Revista;

d) Embargos de Divergência;

e) Embargos Infringentes;

f) Agravo de Instrumento;

g) Agravo Regimental;

h) Agravo de Petição;

i) Recurso Extraordinário.

Conforme se verifica, deixamos de arrolar os embargos de declaração uma vez que, conforme será abordado posteriormente, não é pacífica a sua natureza recursal.

Em seguida, passaremos a fazer uma análise detalhada dos principais recursos trabalhistas, abordando o tratamento legal e jurisprudencial de cada um desses recursos.

1. EMBARGOS DE DECLARAÇÃO

Até o advento da Lei n. 9.957/2000, não havia na Consolidação das Leis do Trabalho a regulamentação dos embargos de declaração, e, por essa razão, aplicavam-se subsidiariamente as disposições constantes do art. 535 do Código de Processo Civil. Após a Lei n. 9.957/2000, foi inserido o art. 897-A na CLT, regulando os embargos de declaração nos seguintes termos:

> **Art. 897-A.** Caberão embargos de declaração da sentença ou acórdão, no prazo de cinco dias, devendo seu julgamento ocorrer na primeira audiência ou sessão subsequente a sua apresentação, registrado na certidão, admitido efeito modificativo da decisão nos casos de omissão e contradição no julgado e manifesto equívoco no exame dos pressupostos extrínsecos do recurso.

A doutrina e a jurisprudência dos nossos tribunais trabalhistas têm entendido que o rol das situações em que são admissíveis os embargos de declaração na forma constante do art. 897-A da CLT não é exaustivo, sendo permitida a aplicação subsidiária das regras contidas no art. 535 do CPC, no processo do trabalho, de forma que também cabem embargos de declaração quando:

a) houver na sentença ou decisão obscuridade ou contradição;

b) for omitido ponto sobre o qual deveria manifestar-se o juiz ou tribunal.

1.1. NATUREZA JURÍDICA

Ainda não é pacífica a doutrina a respeito da natureza jurídica dos embargos de declaração, parte da doutrina afirma tratar-se de recurso ao seguinte fundamento: a) sua origem é o direito processual civil e naquele ramo do direito processual não resta dúvida sua natureza recursal (art. 496, IV, do CPC); b) o art. 897-A da CLT, que trata dos embargos de declaração no Processo do Trabalho, foi inserido no capítulo que trata dos recursos trabalhistas; c) a lei, expressamente, admite que a eles seja conferido efeito modificativo, que é o efeito próprio dos recursos; d) é contado em dobro o prazo para interposição de embargos declaratórios por pessoas jurídicas de direito público, em razão do que estabelece o Decreto n. 779/1969 (Orientação Jurisprudencial n. 192 da SDI-1 do TST).

Outros, no entanto, sustentam que de recurso não se trata, uma vez que: a) são julgados pela autoridade que proferiu a decisão; b) não há previsão legal para o exercício do contraditório; c) interpostos interrompem o prazo para oferecimento de outros recursos; d) não objetivam a reforma da decisão; e) não se exige preparo; f) o prazo de interposição é de 5 dias, enquanto para os demais recursos o prazo é de oito dias; g) em regra visa tão somente esclarecer ou complementar o julgado.

Atualmente tem ganhado força a natureza recursal dos embargos de declaração, uma vez que a Lei n. 9.957/2000, que regulamentou os embargos de declaração no processo do trabalho, inseriu na CLT o art. 897, no Capítulo VI do Título X, que trata especificamente dos recursos trabalhistas.

1.2. Cabimento

O art. 897-A da CLT dispõe: "Caberão embargos de declaração da sentença ou do acórdão, no prazo de 5 (cinco) dias devendo seu julgamento ocorrer na primeira audiência ou sessão subsequente a sua apresentação, registrada na certidão, admitido o efeito modificativo da decisão nos casos de omissão e contradição no julgado e manifesto equívoco no exame dos pressupostos extrínsecos (comuns) do recurso".

Conforme já mencionamos, o rol das situações em que são admis-síveis os embargos de declaração na forma constante do art. 897-A da CLT não é exaustivo, sendo permitida a aplicação subsidiária das regras contidas no art. 535 do CPC, no processo do trabalho, de forma que cabem embargos de declaração quando: a) houver na sentença ou decisão obscuridade ou contradição; b) for omitido ponto sobre o qual deveria manifestar-se o juiz ou tribunal.

Segundo a doutrina, há obscuridade quando falta clareza na exposição da sentença, de modo a torná-la ininteligível, e existe contradição quando se afirma uma coisa e, ao mesmo tempo, a mesma coisa é negada na sentença.

Também cabem embargos, nos termos do art. 897-A da CLT, para afastar equívoco manifesto no exame dos pressupostos extrínsecos do recurso. Os embargos são admitidos também para prequestionar a questão a ser suscitada em recurso de natureza extraordinária.

É certo, no entanto, que os embargos de declaração não poderão ser utilizados como um meio de reexame da matéria já decidida, uma vez que, para esse fim, o remédio processual adequado é o recurso ordinário, a finalidade principal do mencionado instrumento é o esclarecimento e a complementação do julgado, e só poderão modificar a sentença em caso de omissão ou contradição no julgado.

1.3. Embargos de declaração de decisão proferida nos embargos de declaração

Em muitas legislações admite-se a oposição dos embargos de declaração apenas uma única vez. Como consequência, fica afastada a possibilidade de impugnação, por meio de novos embargos de declaração, da decisão proferida em anteriores embargos.

No sistema brasileiro não existe semelhante limitação, mesmo porque não há garantia de que, ao sanar o vício suscitado, através de embargos de declaração, não incorra a decisão em outro vício, como por exemplo: se, com o preenchimento da omissão, aparece contradição.

Negar a possibilidade de oferecimento de embargos não faz nenhum sentido. Em sendo assim, as decisões proferidas em embargos poderão ser também impugnadas por meio de novos embargos, como reconhecido, aliás, pelo Supremo Tribunal Federal, na linha da doutrina tradicional. O que não se justifica é a reiteração da impugnação pelo mesmo fundamento já utilizado. Se, no julgamento proferido em embargos, nega-se a existência de obscuridade, não há como voltar com a mesma medida, insistindo na existência do vício. Restará, eventualmente, a utilização de outro meio de impugnação do pronunciamento.

Dessa forma, podemos concluir que, publicada a decisão de julgamento dos embargos, novos embargos podem ser opostos, tendo por objeto eventual vício verificado nesse julgamento, sendo que, nesses novos embargos, não pode ser questionada a decisão atacada pelos primeiros embargos opostos.

1.4. Sentenças irrecorríveis e os embargos de declaração

As limitações gerais à recorribilidade não se aplicam aos embargos de declaração, o que levou a doutrina a afirmar que "sentenças irrecorríveis são as que não se pode recorrer, exceto por embargos de declaração". Daí que os embargos de declaração podem ser apresentados, no processo do trabalho, inclusive nas causas de alçada previstas na Lei n. 5.584/1970, ainda que neles não seja discutida matéria constitucional.

1.5. Prazo para interposição

Os embargos de declaração deverão ser interpostos no prazo de cinco dias, contados da notificação da decisão, sendo que, conforme entendimento sedimentado pelo Tribunal Superior do Trabalho na Orientação Jurisprudencial n. 192 da SBDI-1, as pessoas jurídicas de direito público e o Ministério Público têm o prazo em dobro (10 dias). Transcrevemos abaixo a íntegra da referida orientação jurisprudencial:

> OJ N. 192 da SBDI-1– EMBARGOS DECLARATÓRIOS. PRAZO EM DOBRO. PESSOA JURÍDICA DE DIREITO PÚBLICO. DECRETO-LEI N. 779/1969. Inserida em 8.11.2000
>
> É em dobro o prazo para a interposição de embargos declaratórios por pessoa jurídica de direito público.

1.6. Embargos de declaração contra despacho do relator do recurso e decisão interlocutória

A regra contida no art. 897-A da CLT permite a interposição dos embargos de declaração apenas em face de sentença ou de acórdão, não fazendo referência expressa às decisões interlocutórias. No entanto, o TST tem admitido os embargos de declaração nas hipóteses referidas no art. 557 do CPC. Assim, conforme disposto na Súmula n. 421, tem-se que:

> I – tendo o despacho monocrático de provimento ou denegação de recurso, previsto no art. 557 do CPC, conteúdo decisório definitivo e conclusivo da lide, comporta ser esclarecido pela via dos embargos

declaratórios, em decisão declaratória, também monocrática, quando se pretende tão somente suprir omissão e não, modificação do julgado.

II – postulando o embargante efeito modificativo, os embargos declaratórios deverão ser submetidos ao pronunciamento do Colegiado, convertidos em agravo, em face dos princípios da fungibilidade e celeridade processual. Se o embargante foi vencido em questões distintas daquelas objeto de embargos de declaração, cumpre conferir--lhe oportunidade para complementar o seu recurso, sob pena da conversão dos embargos em agravo prejudicá-lo na defesa de seus direitos.

Importante mencionar a existência de entendimentos doutrinários no sentido de que os embargos de declaração são cabíveis contra qualquer decisão judicial, seja sentença, acórdão, ou decisão interlocutória, desde que contenham os vícios da omissão, contradição ou obscuridade. Não se admite a interposição dos embargos de declaração em face de despachos, pois estes são sempre irrecorríveis.

1.7. Interrupção para interposição de outros recursos

Da literalidade da lei tem-se que, uma vez interpostos os embargos de declaração, haverá a interrupção do prazo para interposição do recurso, devolvendo-se por inteiro o referido prazo para ambas as partes.

No entanto, questão controvertida diz respeito se em caso de embargos de declaração intempestivos haveria ou não a interrupção do prazo recursal, há quem afirme que sempre provocaria a interrupção, com a ressalva que, interpostos os embargos depois de 8 (oito) dias da notificação da sentença, não interrompem nem suspendem os prazos recursais, pois já ocorreu a preclusão máxima, ou seja, o trânsito em julgado da decisão.

Outros, no entanto, afirmam que, para interromper o prazo para a interposição de outros recursos, os embargos devem ser tempestivos, posto que os atos processuais somente produzem os efeitos que lhes são próprios se praticados no prazo fixado em lei para a sua prática, e entendem também que não interrompem o prazo recursal os embargos subscritos por advogado sem procuração nos autos, salvo a hipótese de mandato tácito, uma vez que o vício de representação torna o ato processual de interposição do recurso inexistente.

É certo que o fato de os embargos serem improcedentes por ausência de vício a ser sanado não retira a força para interromper o prazo para a apresentação de outros recursos. A interrupção do prazo é consequência da interposição do recurso e não de sua procedência.

A jurisprudência dos tribunais trabalhistas vem se firmando no sentido de que a intempestividade e a irregularidade de representação não produzem o efeito interruptivo dos embargos de declaração.

Quando uma parte interpõe recurso ordinário e a outra apresenta embargos de declaração contra a mesma decisão, aquela pode complementar o seu recurso se for modificada a decisão no julgamento dos embargos, complementando o depósito das custas e recursal, se o valor da condenação e das custas for alterado.

1.8. COMPETÊNCIA: PREPARO

Os embargos de declaração serão endereçados e julgados pelos mesmos órgãos (juízes) que proferiram a decisão embargada, ou seja, quando se tratar de sentença serão julgados pelo juiz da vara, quando se tratar de acórdão a competência será do juiz relator para recebimento e o julgamento será feito pela turma na primeira seção.

Não é necessária a realização de preparo, e se forem notoriamente protelatórios o juízo pode aplicar multa não excedente de 1% sobre o valor da causa, e na reiteração a multa pode ser elevada a até 10%, ficando condicionada a interposição de qualquer outro recurso ao recolhimento da multa.

Os embargos de declaração consideram-se manifestamente protelatórios quando forem interpostos para retardar o trânsito em julgado da decisão e impedir a solução definitiva do litígio. A intenção protelatória pode decorrer do conteúdo dos embargos ou de sua repetição.

A aplicação da multa por embargos protelatórios deve ser fundamentada, cumprindo ao juiz indicar, na sua decisão, os motivos pelos quais considera os embargos protelatórios. Não basta, para aplicar a multa, simples afirmação, sem qualquer fundamentação, de que os embargos são protelatórios. Neste sentido: "A imposição da multa prevista no art. 538, parágrafo único, CPC, além da afirmação da circunstância protelatória, reclamada na lei, exige razoável fundamentação, demonstrando o manifesto objetivo protelatório dos embargos".

A Súmula n. 98 do STJ tem sido aplicada no processo do trabalho: "Embargos de declaração manifestados com o notório propósito de prequestionamento não tem caráter protelatório".

1.9. Processamento

Os embargos de declaração serão interpostos por petição, dirigida ao juiz ou relator, indicando o ponto obscuro, contraditório, ou omisso da decisão. O art. 536 do CPC aponta um pressuposto específico de admissibilidade dos embargos de declaração, qual seja a obrigatoriedade sob pena de não conhecimento da indicação do ponto obscuro, contraditório ou omisso da decisão embargada.

Não há previsão legal de notificação da parte contrária para contraminuta, no entanto, o TST através da Orientação Jurisprudencial n. 142 da SDI I exige se acolhidos com efeito modificativo sem oportunidade para a parte contrária se manifestar.

> EMBARGOS DECLARATÓRIOS. EFEITO MODIFICATIVO. VISTA À PARTE CONTRÁRIA. Inserida em 27.11.1998 ERR n. 91.599/1993, SDI-Plena. Em 10.11.1997, a SDI-Plena decidiu, por maioria, que é passível de nulidade decisão que acolhe embargos declaratórios com efeito modificativo sem oportunidade para a parte contrária se manifestar.

Os embargos de declaração serão julgados na primeira audiência, ou sessão subsequente à sua apresentação. Quando se tratar de embargos de declaração contra decisão monocrática do relator postulando efeito modificativo da decisão, os embargos de declaração deverão ser submetidos à apreciação do Colegiado, e por essa razão será convertido em agravo conforme inciso II da Súmula n. 421 do TST, vejamos:

> Súmula n. 421. II – postulando o embargante efeito modificativo, os embargos declaratórios deverão ser submetidos ao pronunciamento do Colegiado, convertidos em agravo, em face dos princípios da fungibilidade e celeridade processual. Se o embargante foi vencido em questões distintas daquelas objeto de embargos de declaração, cumpre conferir-lhe oportunidade para complementar o seu recurso, sob pena da conversão dos embargos em agravo prejudicá-lo na defesa de seus direitos.

Reafirmamos, por fim, que sempre deverão ser observado em relação aos embargos de declaração as súmulas e orientações jurisprudenciais que serão transcritas abaixo:

1.10. Jurisprudência do TST sobre embargos de declaração

> SÚMULA N. 184. EMBARGOS DECLARATÓRIOS. OMISSÃO EM RECURSO DE REVISTA. PRECLUSÃO (mantida) – Res. n. 121/2003, DJ 19, 20 e 21.11.2003

Ocorre preclusão se não forem opostos embargos declaratórios para suprir omissão apontada em recurso de revista ou de embargos.

SÚMULA N. 278. EMBARGOS DE DECLARAÇÃO. OMISSÃO NO JULGADO (mantida) – Res. n. 121/2003, DJ 19, 20 e 21.11.2003

A natureza da omissão suprida pelo julgamento de embargos declaratórios pode ocasionar efeito modificativo no julgado.

SÚMULA N. 421. EMBARGOS DECLARATÓRIOS CONTRA DECISÃO MONOCRÁTICA DO RELATOR CALCADA NO ART. 557 DO CPC. CABIMENTO (conversão da Orientação Jurisprudencial n. 74 da SBDI-2) – Res. n. 137/2005, DJ 22, 23 e 24.8.2005

I – Tendo a decisão monocrática de provimento ou denegação de recurso, prevista no art. 557 do CPC, conteúdo decisório definitivo e conclusivo da lide, comporta ser esclarecida pela via dos embargos de declaração, em decisão aclaratória, também monocrática, quando se pretende tão somente suprir omissão e não, modificação do julgado.

II – Postulando o embargante efeito modificativo, os embargos declaratórios deverão ser submetidos ao pronunciamento do Colegiado, convertidos em agravo, em face dos princípios da fungibilidade e celeridade processual. (ex-OJ n. 74 da SBDI-2 – inserida em 8.11.2000)

OJ N. 377. EMBARGOS DE DECLARAÇÃO. DECISÃO DENEGATÓRIA DE RECURSO DE REVISTA EXARADO POR PRESIDENTE DO TRT. DESCABIMENTO. NÃO INTERRUPÇÃO DO PRAZO RECURSAL

Não cabem embargos de declaração interpostos contra decisão de admissibilidade do recurso de revista, não tendo o efeito de interromper qualquer prazo recursal.

2. Recurso ordinário

O sistema processual brasileiro adota o duplo grau de jurisdição, ou seja, duas instâncias ordinárias (1º grau e 2º grau) e utiliza-se de dois critérios para a utilização de recursos: 1) Ordinário ou comum; 2) Extraordinário ou Especial. A natureza dos recursos extraordinários é diversa da dos recursos ordinários:

O Recurso Ordinário se destina à proteção do direito subjetivo, e decorre do natural inconformismo da natureza humana que busca na instância superior a reforma de decisão que não lhe foi favorável. No recurso ordinário é possível o reexame de toda a matéria de fato e de direito discutida em primeiro grau.

O recurso extraordinário não está adstrito ao interesse das partes, mas visa o interesse público, a defesa do direito objetivo, assegurar o primado da Constituição e a interpretação uniforme das leis, submetendo a questão até ao Supremo Tribunal Federal, através dele se apreciam apenas as questões de direito.

Há também quem anote a diferença entre o simples exercício do duplo grau de jurisdição dos primeiros e a amplitude maior, inclusive política, dos extraordinários.

Enquanto os recursos ordinários são introduzidos em nosso ordenamento por legislação infraconstitucional, os recursos extraordinários pertencem ao direito processual constitucional; consequentemente, ao contrário dos ordinários, os extraordinários só podem ser excluídos através de alteração constitucional, diga-se, via Emenda.

2.1. CABIMENTO

O Recurso Ordinário é o recurso cabível para impugnar as decisões terminativas ou definitivas no âmbito do direito processual laboral, possibilitando o reexame das matérias de fato e de direito apreciadas pelo juízo *a quo*.

A Lei n. 11.925/2009 deu nova redação ao art. 895, dispondo:

Art. 895. (...)

I – das decisões definitivas ou terminativas das Varas e Juízos, no prazo de 8 (oito) dias; e

II – das decisões definitivas ou terminativas dos Tribunais Regionais, em processos de sua competência originária, no prazo de 8 (oito) dias, quer nos dissídios individuais, quer nos dissídios coletivos.

Tem-se, portanto, que o recurso ordinário pode ser interposto:

a) *das decisões interlocutórias, de caráter terminativo do feito,* como a que acolhe a exceção de incompetência em razão de matéria (§ 2º do art. 799 da CLT);

b) *do indeferimento da petição inicial*, seja por inépcia ou qualquer outro vício (art. 267, I, do CPC);

c) *do arquivamento* dos autos em função de não comparecimento do reclamante à audiência;

d) da paralisação do processo por mais de um ano, em razão da negligência das partes (art. 267, II, do CPC);

e) do não atendimento, pelo autor, do despacho que determinou que se promovessem os atos e diligências que lhe competir, pelo abandono da causa por mais de 30 dias (art. 267, III, do CPC);

f) verificando o juiz a ausência dos pressupostos de constituição e de desenvolvimento válido e regular do processo (art. 267, IV, do CPC);

g) se o juiz acolher a alegação de litispendência ou coisa julgada (art. 267, V, do CPC);

h) se o *processo for extinto por carência da ação, por não estarem presentes a possibilidade jurídica do pedido, o interesse de agir, ou a legitimidade da parte* (art. 267, VI, do CPC);

i) pela desistência da ação (art. 267, VIII, do CPC);

j) se ocorrer confusão entre autor e réu (art. 267, X, do CPC).

Cabe também recurso ordinário das decisões proferidas em processos de competência originária do TRT, como por exemplo: dissídios coletivos, ação rescisória, mandado de segurança, *habeas corpus*, decisões administrativas tais como aquelas que aplicam penalidades a servidores da Justiça do Trabalho.

Deve ser ressaltado que, excepcionalmente, existe a possibilidade de ser interposto recurso ordinário para atacar decisões interlocutórias de natureza terminativa do feito, conforme previsto no art. 799, § 2º, da CLT e Súmula n. 214 do TST.

Art. 799 da CLT

(...)

§ 2º Das decisões sobre exceções de suspeição e incompetência, *salvo, quanto a estas, se terminativas do feito,* não caberá recurso, podendo, no entanto, as partes alegá-las novamente no recurso que couber da decisão final.

SÚMULA N. 214. DECISÃO INTERLOCUTÓRIA. IRRECORRIBILIDADE (nova redação) – Res. n. 127/2005, DJ 14, 15 e 16.3.2005

Na Justiça do Trabalho, nos termos do art. 893, § 1º, da CLT, as decisões interlocutórias não ensejam recurso imediato, salvo nas hipóteses de decisão: a) de Tribunal Regional do Trabalho contrária à Súmula ou Orientação Jurisprudencial do Tribunal Superior do Trabalho; b) suscetível de impugnação mediante recurso para o mesmo Tribunal; c) que acolhe exceção de incompetência territorial, com a remessa dos autos para Tribunal Regional distinto daquele a que se vincula o juízo excepcionado, consoante o disposto no art. 799, § 2º, da CLT.

Em relação ao cabimento do recurso ordinário, o Tribunal Superior do Trabalho editou também as seguintes súmulas e orientações jurisprudenciais, dispondo que:

SÚMULA N. 158. RECURSO ORDINÁRIO – AÇÃO RESCISÓRIA (mantida) – Res. n. 121/2003, DJ 19, 20 e 21.11.2003

Da decisão de Tribunal Regional do Trabalho, em ação rescisória, é cabível recurso ordinário para o Tribunal Superior do Trabalho, em face da organização judiciária trabalhista (ex-Prejulgado n. 35).

SÚMULA N. 201. RECURSO ORDINÁRIO EM MANDADO DE SEGURANÇA (mantida) – Res. n. 121/2003, DJ 19, 20 e 21.11.2003

Da decisão de Tribunal Regional do Trabalho em mandado de segurança cabe recurso ordinário, no prazo de 8 (oito) dias, para o Tribunal Superior do Trabalho, e igual dilação para o recorrido e interessados apresentarem razões de contrariedade.

OJ-SDI1 N. 70. RECURSO ORDINÁRIO. RECLAMAÇÃO CORREICIONAL – CABIMENTO. Inserida em 13.9.1994 (convertida na Orientação Jurisprudencial n. 5 do Tribunal Pleno, DJ 20.4.2005)

Não cabe recurso ordinário contra decisão de agravo regimental interposto em reclamação correicional.

É certo também que o recurso ordinário pode ser utilizado tanto para corrigir erros de julgamento (*erros in judicando*) quanto para corrigir erros de procedimento (*erros in procedendo*), isto é, para reforma da decisão, quer para corrigir injustiças reexaminado as provas ou anular a sentença por erros na forma de conduzir o processo (nulidades).

2.2. FORMA DE INTERPOSIÇÃO

O recurso ordinário, como determina o art. 899 da CLT, poderá ser interposto por simples petição, mas a peça deverá ser fundamentada, demonstrando o motivo legal para o inconformismo do recorrente, sendo que ao final deverá pleitear que o mesmo seja conhecido e provido, para que haja a reforma da sentença. Para Valentin Carrion, as razões do inconformismo da parte são requisitos para apreciação do mérito e até para o seu recebimento pelo Juízo recorrido ou simples conhecimento prefacial pelo Juízo *a quo.* A interposição "por simples petição" (CLT, art. 899) significa não haver necessidade de outras formalidades, como, por exemplo, o "termo de agravo nos autos", que era exigido no CPC de 1939, art. 852, vigente quando promulgada a CLT. Mas a fundamentação é indispensável para saber não só quais as partes da sentença recorrida que transitaram em julgado, como para analisar as razões que o Tribunal deverá examinar, convencendo-se ou não, para reformar o julgado.

2.3. EFEITO

O recurso ordinário será recebido apenas no efeito devolutivo, devolvendo à apreciação do Tribunal a matéria impugnada. De regra não existe efeito suspensivo no recurso ordinário (art. 899 da CLT), salvo em se tratando de recurso ordinário interposto de sentença normativa. No entanto, a Lei n. 10.192/2001, no art. 14, permite ao Presidente do Tribunal Superior do Trabalho conceder efeito suspensivo pelo prazo improrrogável de 120 (cento e vinte) dias, contados da publicação do acórdão em recurso ordinário interposto em face de sentença normativa proferida pelo Tribunal Regional do Trabalho, salvo se o recurso for julgado antes desse prazo.

Com a finalidade de implementar a regra contida no mencionado dispositivo legal, o TST, na Instrução Normativa n. 24/2003, assegura ao Ministro Presidente do Tribunal Superior do Trabalho agendar audiência de tentativa de conciliação, no caso de pedido de efeito suspensivo ao recurso ordinário interposto em face de sentença normativa.

Também se tem certo que a Súmula n. 414 do TST admite a utilização da ação cautelar para obtenção de efeito suspensivo ao recurso ordinário interposto, desde que estejam presentes os requisitos que autorizam a concessão da medida (*fumus boni iuris* e *periculum in mora*) por exemplo: sentença que determina imediata reintegração de empregado estável:

N. 414. MANDADO DE SEGURANÇA. ANTECIPAÇÃO DE TUTELA (OU LIMINAR) CONCEDIDA ANTES OU NA SENTENÇA (conversão das Orientações Jurisprudenciais ns. 50, 51, 58, 86 e 139 da SDI-II – Res. n. 137/2005 – DJ 22.8.2005)

I – A antecipação da tutela concedida na sentença não comporta impugnação pela via do mandado de segurança, por ser impugnável mediante recurso ordinário. A ação cautelar é o meio próprio para se obter efeito suspensivo a recurso. (ex-OJ n. 51 – inserida em 20.9.2000)

II – No caso da tutela antecipada (ou liminar) ser concedida antes da sentença, cabe a impetração do mandado de segurança, em face da inexistência de recurso próprio. (ex-OJs ns. 50 e 58 – ambas inseridas em 20.9.2000)

III – A superveniência da sentença, nos autos originários, faz perder o objeto do mandado de segurança que impugnava a concessão da tutela antecipada (ou liminar). (ex-OJs n. 86 – inserida em 13.3.2002 e n. 139 – DJ 4.5.2004)

2.4. Procedimento

Recebida a sentença pela parte, se esta não concorda com a decisão, interpõe recurso ordinário no prazo de oito dias.

O juiz ou Presidente do Tribunal irá verificar se o recurso atende aos pressupostos legais para a sua admissibilidade, recebido o recurso, será concedida a oportunidade para a recorrida apresentar as contrarrazões ao recurso no prazo de oito dias. Não admitido o recurso, pelo Juiz da Vara ou Presidente do Tribunal por falta de pressuposto recursal, poderá ser interposto agravo de instrumento. Após a apre-sentação das contrarrazões, é facultado ao juiz o reexame dos pressu-postos de admissibilidade de recurso, pois muitas vezes são as contrarrazões que mostram a intempestividade, a falta de preparo, etc.

Também nos casos de extinção do processo sem julgamento de mérito, poderá o juiz, no prazo de 48 horas, reconsiderar a sua decisão (art. 296 do CPC). A decisão que admite o recurso é irrecorrível, e não vincula o juízo *ad quem*. Quando, após a distribuição o relator indeferir o processamento do recurso, caberá Agravo Regimental.

Os demais trâmites processuais devem obedecer às regras previstas no regimento interno dos tribunais, notadamente no que diz respeito à remessa dos autos ao Ministério Público do Trabalho para parecer. Há TRTs que distribuem o processo e depois remetem os autos ao Ministério Público para parecer, outros enviam os autos antes de distribuir etc.

Em regra, após a apresentação das conclusões do relator e revisor e colhidos os votos dos juízes presentes, o Presidente proclama a decisão, designando para redigir o acórdão o Relator ou, se vencido este na matéria considerada principal, o Juiz que primeiro se manifestou a favor da tese vencedora.

O julgamento proferido pelo tribunal substituirá a sentença ou a decisão recorrida no que tiver sido objeto do recurso (art. 512 do CPC). Deixa, então, de subsistir a decisão recorrida, se o tribunal reformar a sentença, passando a valer o acórdão. Todo acórdão deverá conter ementa (art. 563 do CPC).

2.5. SÚMULA IMPEDITIVA DO RECURSO

A Lei n. 11.276/2006 alterou a redação do art. 518 do CPC, criando a Súmula impeditiva de recurso ao dispor no § 1º do art. 518:

> § 1º O juiz não receberá o recurso de apelação quando a sentença estiver em conformidade com súmula do Superior Tribunal de Justiça ou do Supremo Tribunal Federal.

A aplicação do mencionado dispositivo legal no processo do trabalho vem dividindo a doutrina, há quem afirme a possibilidade, mas há também aqueles que entendem que o referido dispositivo legal não se aplica nas ações trabalhistas. Este é o entendimento do Juiz Jorge Luiz Souto Maior, que afirma que este dispositivo, "embora tenha a aparência de favorecer a celeridade, no fundo despreza um valor essencial do Estado Democrático de Direito, que é o da formação livre do convencimento do juiz".

Outros, no entanto, afirmam que força da nova Lei n. 11.276/2006, o juiz, ao receber o recurso ordinário, deverá examinar o conteúdo da própria sentença diante das súmulas do STF e do TST e, consequentemente, o "mérito" do próprio recurso ordinário interposto e poderá desde logo, negar seguimento ao recurso quando a decisão recorrida estiver em consonância com Súmula do TST ou do STF. Por exemplo: se a sentença decreta a nulidade do contrato de trabalho do servidor público que não logrou aprovação em concurso público (CF, art. 37, II, § 2º) e julga improcedentes os pedidos de anotação da CTPS e aviso prévio e o recurso ordinário pretender a reforma da sentença, o juiz deverá denegar seguimento ao recurso, tendo em vista que a decisão está em conformidade com a Súmula n. 363 do TST.

Por outro lado, é importante mencionar que, na hipótese de ser aceita a aplicação da regra contida no § 1º do art. 518 do CPC, deve ser observado que toda a matéria decidida na sentença trabalhista está em conformidade com a Súmula do TST ou STF, o que na prática é muito difícil de acontecer.

2.6. PARECER DO MINISTÉRIO PÚBLICO

O art. 5º da Lei n. 5.584/1970 deixa certo que o prazo para o membro do Ministério Público do Trabalho oferecer o parecer é de oito dias, contados da data em que lhe for distribuído o processo; este poderá ser circunstanciado ou pelo prosseguimento do feito, ressaltando-se, sempre, o direito de manifestação posterior em sessão de julgamento ou em qualquer fase processual conforme lhe faculta o art. 83, inciso VII, da LC n. 75/1993.

2.7. RECURSO ORDINÁRIO NO PROCEDIMENTO SUMARÍSSIMO

A Lei n. 9.957, publicada no Diário Oficial da União do dia 13 de janeiro de 2000 e que entrou em vigor sessenta dias após essa data, também previu o cabimento do recurso ordinário para as reclamações sujeitas ao procedimento sumaríssimo. A referida lei acabou dando um tratamento diversificado ao processamento desses recursos nos Tribunais, *determinando a sua imediata distribuição com liberação em dez dias pelo relator e a sua inclusão em pauta sem revisor.* Nesses processos a manifestação *do Ministério Público do Trabalho é realizada oralmente e o acórdão consistirá unicamente na certidão de julgamento* com a indicação suficiente do processo e parte dispositiva, e das razões de decidir do voto prevalente. No caso de a sentença ser mantida por seus próprios fundamentos, essa circunstância será registrada na certidão. A simplificação da redação dos acórdãos a serem proferidos nos processos de rito sumaríssimo tem esteio no inciso II do § 1º do art. 895 da Consolidação das Leis do Trabalho e tem por finalidade tornar o processamento desses feitos mais célere.

Importante ressaltar a Súmula n. 201 do TST, que trata do recurso ordinário em mandado de segurança (revisão da Súmula n. 154): "Da decisão de Tribunal Regional do Trabalho em mandado de segurança cabe recurso ordinário, no prazo de 8 dias, para o Tribunal Superior do Trabalho, correspondendo igual dilação para o recorrido e interessados apresentarem razões de contrariedade".

Questão que se coloca é saber da possibilidade da análise do mérito do recurso pelo Tribunal quando o Juiz, atendendo arguição da parte ré, reconhece a prescrição e extingue o processo com julgamento de mérito e, se uma vez interposto recurso pelo autor, pode o Tribunal prosseguir no julgamento do mérito da causa.

Encontramos, em doutrina, três posições diferentes. A primeira corrente entende que a prescrição é prejudicial de mérito e, consequentemente, não cabe o julgamento do mérito.

A segunda posição afirma que prescrição é mérito, nos termos do CPC/1973 e, assim, o Tribunal poderá prosseguir no julgamento do mérito da causa.

Por fim, a última vertente, eclética, representada por Bezerra Leite, afirma que o Tribunal poderá prosseguir no julgamento se não houver necessidade de produção de provas e haja elementos suficientes que permitam a apreciação total do mérito, ou seja, se a causa estiver "madura" (expressão de Barbosa Moreira) para julgamento.

3. DAS CONTRARRAZÕES AO RECURSO

O art. 900 da CLT dispõe: "Interposto o recurso, será notificado o recorrido para oferecer as suas razões, em prazo igual ao que tiver o recorrente". A oportunidade para o recorrido impugnar o recurso apresentado está em consonância com o princípio constitucional do contraditório e da ampla defesa. Todavia, o recorrido não está obrigado a apresentá-las, não sofrendo, por isso, qualquer sanção processual.

As contrarrazões não possuem efeito infringente, ou seja, não servem para reformar a decisão recorrida, tem por finalidade postular a manutenção da sentença, pelos seus fundamentos, ou seja, contrapor aos interesses do recorrido. É certo, no entanto, que, por meio delas, o recorrido pode suscitar matérias conhecíveis *ex officio*, como as referentes aos pressupostos de admissibilidade do recurso (tempestividade, adequação, preparo, etc.), condições da ação e pressupostos processuais, mesmo porque, após o oferecimento da referida peça, o juiz poderá rever a decisão que admitiu a interposição do recurso.

A doutrina tem se dividido ao analisar a possibilidade de ser arguida prescrição em contrarrazões. Há quem afirme essa possibilidade com fundamento no entendimento da Súmula do TST, no sentido de que a prescrição pode ser arguida em qualquer grau de jurisdição pela parte a qual aproveita. No entanto, a corrente mais aceita é a que afirma que em vista do fato de as contrarrazões não possuírem efeitos modificativos do julgado, mas sim a manutenção da sentença, somente mediante recurso próprio é que o recorrido poderá fazê-lo. Importante, também, destacar corrente de entendimento no sentido de que, se a prescrição foi arguida em defesa, tal fundamento de defesa será automaticamente devolvido ao Tribunal por ocasião da apreciação do recurso, em vista do efeito devolutivo em profundidade do recurso. (Súmula n. 393 do TST)

O Prazo para Contrarrazões de Recurso Ordinário é de oito dias, devendo ser observadas todas as regras que se referem à contagem de prazo processual. As pessoas jurídicas de direito publico e o Ministério Público não possuem prazo em dobro para oferecer suas contrarrazões. É que as prerrogativas processuais conferidas por força do Decreto-lei n. 779/1969 devem ser interpretadas de forma restritiva, e a norma ao conferir a dobra do prazo aos entes públicos só se refere ao prazo para oferecer o recurso, não as contrarrazões.

3.1. Processamento

As contrarrazões serão também apresentadas em petição dirigida ao Juízo da Vara, requerendo-se o processamento das razões e a remessa à instância superior para julgamento.

4. Recurso adesivo

O Recurso Adesivo pode ser incluído no rol dos recursos trabalhistas, ainda que o art. 893 da CLT não faça referência a ele. O cabimento do recurso adesivo trabalhista foi negado durante muito tempo pela jurisprudência, mas hoje está superado o obstáculo, uma vez que a matéria foi tratada na Súmula n. 283 do TST, que dispõe:

> O recurso adesivo é compatível com o processo do trabalho, no prazo de oito dias, nas hipóteses de interposição do recurso de recurso ordinário, de agravo de petição, de revista e de embargos, sendo desnecessário que a matéria nele veiculada esteja relacionada com a do recurso interposto pela parte contrária.

Verifica-se, portanto, que não cabe recurso adesivo no recurso de agravo de instrumento e agravo regimental, e na remessa *ex officio*. Apesar da omisso legislativa, a doutrina e a jurisprudência têm aceitado a interposição de recurso adesivo a recurso extraordinário.

Está sedimentado na doutrina o entendimento de que a parte que interpuser o recurso voluntário contra parte da sentença que lhe foi desfavorável não poderá recorrer adesivamente, pois com a interposição do recurso autônomo operou-se a preclusão consumativa. Ademais, em vista da existência do princípio da unirecorribilidade, a parte não pode apresentar simultaneamente dois recursos para atacar a mesma decisão. Se a parte quiser interpor o recurso adesivo, deverá necessariamente desistir do recurso apresentado.

4.1. Pressupostos de admissibilidade

Para interposição do recurso adesivo deve haver sucumbência recíproca e também a interposição do recurso principal, e também deverão ser preenchidos todos os demais pressupostos de admissibilidade recursal, notadamente o preparo.

4.2. Efeitos

O recurso adesivo segue as mesmas regras do recurso principal, dessa forma, sempre terá efeito meramente devolutivo, não impedindo a execução provisória da sentença. Também conforme se verifica do entendimento jurisprudencial sedimentado pelo TST na Súmula n. 283, não há necessidade que a matéria nele veiculada esteja relacionada com a do recurso interposto pela parte contrária.

4.3. Processamento

O recurso adesivo deverá ser interposto no prazo de oito dias, ou seja, no prazo que a parte dispõe para apresentar contrarrazões, salvo se o recorrente for pessoa jurídica de direito público ou o Ministério Público, caso em que o prazo recursal será dobrado (16 dias) e será endereçado a autoridade competente para admitir o recurso principal.

Diante da falta de regramento na norma celetista e aplicando as disposições constantes do art. 769 da CLT, o processamento do recurso adesivo observará as disposições constantes na lei processual civil, art. 500, onde se tem que o recurso adesivo fica subordinado à sorte do principal e a ele se aplicam as mesmas regras do recurso independente, quanto às condições de admissibilidade, preparo e julgamento no tribunal superior.

Interposto o recurso adesivo, a parte recorrida será notificada para oferecer suas contrarrazões no prazo de oito dias (Lei n. 55.584/70, art. 6º). Se o juiz denegar seguimento ao recurso adesivo, poderá a parte interpor o recurso de agravo de instrumento.

A parte que interpôs o recurso principal pode, independentemente da anuência do recorrente adesivo, desistir do recurso interposto, e esse fato, fará com que não seja conhecido o recurso adesivo.

No tribunal será analisado, inicialmente, se o recurso principal preenche as condições de admissibilidade e, uma vez conhecido este, passa-se ao exame do adesivo.

Assim, não sendo admitido o recurso principal, ou dele vindo a desistir a parte que o interpôs, não será admitido o recurso adesivo.

5. Recurso de revista

A natureza extraordinária do recurso de revista tem a sua origem com a instalação da Justiça do Trabalho, no ano de 1941. Nessa época o sistema recursal trabalhista previa o recurso ordinário para atacar as decisões proferidas pelas Juntas de Conciliação e Julgamento para os Tribunais Regionais do Trabalho e o Recurso Extraordinário para atacar as decisões proferidas pelos Tribunais Regionais do Trabalho que seria apreciado pelo Tribunal Superior do Trabalho, que funcionaria como órgão de cúpula do judiciário trabalhista e instância última decisória trabalhista.

Já em 1943, diante da inexistência de previsão expressa de recurso extraordinário das decisões proferidas pela Justiça do Trabalho para o Supremo Tribunal Federal, a Suprema Corte reconheceu a necessidade de se admitir recurso ao STF, pois do contrário poderia haver afronta a dispositivo constitucional sem que o Supremo Tribunal Federal pudesse exercer o controle de constitucionalidade das decisões judiciais trabalhistas. Com isso, passaram a existir dois recursos extraordinários: um dos Tribunais Regionais do Trabalho para o Tribunal Superior do Trabalho e outro deste para o Supremo Tribunal Federal.

Esse fato fez com que fosse editada a Lei n. 861/1949, modificando nome do recurso extraordinário trabalhista para recurso de revista, ressurgindo assim a nomenclatura de velha tradição colonial e imperial da "revista" prevista nas Ordenações Afonsinas como apelo que se interpunha ao Príncipe, em relação às sentenças de maior alçada do Reino, como também na Constituição Imperial, que previa o recurso de revista das decisões de 2ª instância para o Supremo Tribunal de Justiça (arts. 163/164). Seus pressupostos específicos e limitados de admissibilidade seriam fixados pelo Decreto-lei n. 229/1967, deixando clara sua natureza extraordinária.

A grande reforma da CLT, levada a cabo pelo Decreto-lei n. 229/1967, antes mesmo da promulgação da Carta Política de 1967, previa o recurso de revista para as Turmas do TST, limitado às hipóteses de:

– Divergência na interpretação de dispositivo legal, salvo se a decisão recorrida estivesse em consonância com prejulgado ou jurisprudência pacífica do TST.

– Violação de "norma jurídica" (o que incluía todas as fontes de direito, autônomas e heterônomas, federais, estaduais e municipais).

Posteriormente foi editada a Lei n. 7.701/1988, normatizando que o Pleno do TST seria dividido em duas seções especializadas, uma para apreciação de dissídios coletivos (SDC) e outra para dissídios individuais (SDI), sendo que, em relação ao recurso de revista para o TST, foram previstas três possibilidades de apreciação (CLT, art. 896, alíneas *a* a *c*): 1) divergência jurisprudencial em torno da lei federal; 2) divergência jurisprudencial em torno de lei estadual, ou municipal, convenção ou acordo coletivo, sentença normativa ou norma regulamentar empresarial, desde que esses instrumentos normativos tenham vigência em âmbito territorial que ultrapasse a jurisdição de um único TRT; 3) violação de lei federal ou da Constituição da República (em processo de execução de sentença, a via recursal ficou limitada à demonstração de ofensa a dispositivo constitucional).

Com a Lei n. 9.756/1998, inseriu-se o art. 557 do CPC, com seu § 1º-A, permitindo, além da denegação do seguimento de recurso, o provimento do recurso por despacho do relator, quando a decisão estivesse em confronto com a jurisprudência pacificada dos tribunais superiores. Mediante esse expediente, dá-se maior celeridade ao processamento dos recursos no TST, desafogando as pautas das sessões de julgamento em relação às matérias já pacificadas na Corte.

Posteriormente, a Lei n. 9.957/2000, definiu que o recurso de revista, nas causas sujeitas ao rito sumaríssimo, seria limitado às hipóteses de violação à Constituição ou contrariedade à súmula do TST (CLT, art. 896, § 6º).

Finalmente, com a Medida Provisória n. 2.226/2001, institui-se o critério de transcendência (mediante acréscimo do art. 896-A à CLT), como um juízo de deliberação do recurso de revista, de caráter discricionário, que não afasta a aplicação integral dos pressupostos de admissibilidade elencados no art. 896 da CLT para os recursos reputados transcendentes. Esse juízo prévio, a ser exercido num processo de seleção das questões transcendentes e dos recursos que serão apreciados quanto aos seus pressupostos extrínsecos e intrínsecos, constitui um instrumento redutor do número de recursos a serem efetivamente apreciados no seu mérito pelo TST, visando uma prestação jurisprudencial célere e relacionada apenas à análise de questões mais relevantes.

No entanto, é certo que o recurso de revista ainda possui natureza extraordinária, uma vez que não é utilizado como recurso de segundo grau, nem para corrigir erros *in judicando* ou *in procedendo*, mas sim como instrumento de preservação da supremacia do direito nacio-nal e para uniformizar a jurisprudência nacional, comentando-o, ensinou De Plácido e Silva: "o recurso de revista tem a alta função de manter a uniformidade das jurisprudências locais, pela aplicação e interpretação das leis, consoante suas mais seguras fontes e o mais rigoroso método de interpretação. E destarte, fixando a interpretação do direito em tese a ser aplicado aos casos concretos, evita a divergência ou anula a disparidade de julgados, tornando-os harmoniosos e uniformes".[16]

---

(16) SILVA, De Plácido e. *Comentários ao código de processo civil*. 3. ed. Curitiba: Guaíra, 1949. v. 4, p. 1.594.

5.1. Cabimento

O art. 896 da CLT enuncia as hipóteses de cabimento do recurso de revista, dispondo:

> Cabe Recurso de revista para Turma do Tribunal Superior do Trabalho das decisões proferidas em grau de recurso ordinário, em dissídio individual, pelos Tribunais Regionais do Trabalho quando:
>
> a) derem ao mesmo dispositivo de lei federal interpretação diversa da que lhe houver dado **outro** Tribunal Regional, no seu Pleno ou Turma, ou a Seção de Dissídios Individuais do Tribunal Superior do Trabalho, ou a Súmula de Jurisprudência Uniforme dessa Corte;
>
> b) derem ao mesmo dispositivo de lei estadual, convenção coletiva de trabalho, acordo coletivo, sentença normativa ou regulamento empresarial de observância obrigatória, em área territorial que exceda a jurisdição do Tribunal Regional prolator da decisão recorrida, **interpretação divergente na forma da alínea "a";**
>
> c) proferidas com violação literal de disposição de lei federal ou afronta direta e literal à Constituição Federal.

Verifica-se assim, que o recurso de revista pela sua devolutividade restrita não visa corrigir a decisão injusta, ou reapreciar a prova dos autos, como se dá com o recurso ordinário, que devolve ao Tribunal *ad quem* o conhecimento de toda a matéria impugnada.

5.1.1. Cabimento do recurso de revista pela alínea "a"

A interpretação divergente (conflitante), prevista pelo art. 896 da CLT, haverá de ser, necessariamente, aquela que lhe houver dado outro Tribunal Regional do Trabalho ou o Tribunal Superior do Trabalho através da Seção Especializada de Dissídios Individuais. É certo, no entanto, que a divergência haverá de ser entre Tribunais do Trabalho. Também deve ser observado que da literalidade da lei não cabe recurso de revista contra decisão de TRT proferida no julgamento de agravo de instrumento (Súmula n. 218 do TST), agravo inominado e agravo regimental.

> Súmula n. 218 do TST. RECURSO DE REVISTA. ACÓRDÃO PROFERIDO EM AGRAVO DE INSTRUMENTO. É incabível recurso de revista interposto de acórdão regional prolatado em agravo de instrumento.

Da comprovação da divergência

A regra prevista no art. 899 da CLT no sentido de que os recursos são interpostos por simples petição não se aplica ao recurso de revista, que deve ser bem fundamentado e vir acompanhado da prova da divergência jurisprudencial. A jurisprudência do TST na Súmula n. 337 deixa certo que:

> para comprovação da divergência justificadora do recurso é necessário que o recorrente junte certidão ou cópia autenticada do acórdão paradigma, ou cite a fonte oficial ou repositório autorizado em que foi publicado; e transcreva, nas razões recursais, as ementas e/ou trechos dos acórdãos trazidos à configuração do dissídio, mencionando as teses que identifiquem os casos confrontados, ainda que os acórdãos já se encontrem nos autos ou venham a ser juntados com o recurso.

A citação da fonte de publicação, além de ter de ser oriunda de repertório idôneo de jurisprudência, haverá de ser precisa. Por exemplo: se o recorrente alega que a decisão divergente foi publicada no Diário de Justiça do Estado, deverá apontar o dia da publicação no Diário e até o número da página, para eventual consulta. Se a citação for feita sem o cumprimento dessa exigência e o recorrente pretender juntar ao recurso cópia da decisão paradigma, esta terá que vir aos autos em cópia válida.

Há que se ressaltar que a simples juntada de acórdão, devidamente autenticado, ao arrazoado não é o bastante para amparar o fundamento da divergência jurisprudencial. É necessário que a parte, nas razões de inconformismo, mencione a tese que identifica os casos confrontados e que indique expressamente qual o trecho do acórdão acostado consagra entendimento diverso que pode configurar o conflito jurisprudencial.

Essa exigência existe para propiciar ao juízo verificar a existência do acórdão divergente, cujo teor é autenticamente aquele alegado, evitando-se a deslealdade do recorrente.

Em agosto de 2006 foi promulgada a Lei n. 11.341, de 7.8.2006, que alterou a redação do parágrafo único do art. 541 do CPC, tornando possível a utilização de decisões disponíveis em mídia eletrônica, inclusive na internet, como meio de prova de divergência jurisprudencial nos recursos especiais ou extraordinários impetrados perante o Superior Tribunal de Justiça (STJ) e o Supremo Tribunal Federal (STF), nos seguintes termos:

> Quando o recurso fundar-se em dissídio jurisprudencial, o recorrente fará a prova da divergência mediante certidão, cópia autenticada ou pela citação do repositório de jurisprudência, oficial ou credenciado, inclusive em mídia eletrônica, em que tiver sido publicada a decisão divergente, ou ainda pela reprodução de julgado disponível na Internet,

com indicação da respectiva fonte, mencionando, em qualquer caso, as circunstâncias que identifiquem ou assemelhem os casos confrontados.

Diante da lacuna normativa existente no art. 896 da CLT e da compatibilidade da regra contida no referido dispositivo legal com processo laboral, e com fundamento, ainda, no art. 769 da CLT, a doutrina e a jurisprudência tem entendido que se aplica no processo trabalhista a regra contida parágrafo único do art. 541 do CPC, de forma que a comprovação de divergência jurisprudencial pode ser feita através de cópia de decisões obtidas através da mídia eletrônica desde que preenchidas as demais formalidades, como, por exemplo, a indicação precisa da fonte.

Analisando a literalidade da alínea "a" do art. 896 da CLT, tem-se também que unicamente as decisões proferidas pela Seção de Dissídios Individuais do TST podem ser indicadas como paradigma, nunca das turmas do TST por falta de previsão legal. Esse dispositivo legal é criticado, pois, se a divergência entre turmas e estas e a seção especializada admitem o recurso de embargos, também deveriam ensejar o cabimento do recurso de revista.

ATUALIDADE DA DECISÃO CONFLITANTE

Conforme disposto no § 5º do art. 896 da CLT, é permitido ao relator denegar seguimento ao recurso de revista quando a decisão impugnada estiver em conformidade com Súmula do TST.

> Art. 896. (...)
>
> § 5º Estando a decisão recorrida em consonância com enunciado da Súmula da Jurisprudência do Tribunal Superior do Trabalho, poderá o Ministro Relator, indicando-o, negar seguimento ao Recurso de Revista, aos Embargos, ou ao Agravo de Instrumento. Será denegado seguimento ao Recurso nas hipóteses de intempestividade, deserção, falta de alçada e ilegitimidade de representação, cabendo a interposição de Agravo. (incluído pela Lei n. 7.701, de 21.12.1988, DOU 22.12.1988)

Por outro lado, a Súmula n. 333 do TST dispõe que não cabe recurso de revista de decisões superadas por iterativa, notória e atual jurisprudência. Por oportuno, transcrevemos abaixo a referida Súmula:

> Súmula n. 333. Não ensejam recursos de revista ou de embargos decisões superadas por iterativa, notória e atual jurisprudência do Tribunal Superior do Trabalho.

Entende também o TST que, se a decisão recorrida resolver deter-minado item do pedido por diversos fundamentos, o aresto trazido a cotejo deverá abranger a todos, pois, se o paradigma abordar só um dos fundamentos, está maculada a especificidade.

5.1.2. Cabimento do recurso de revista pela alínea "b" do art. 896

A alínea "b" do art. 896 da CLT também se refere a divergência jurisprudencial, ou seja, quando a decisão recorrida der interpretação diversa ao mesmo dispositivo de lei estadual, Convenção Coletiva de Trabalho, Acordo Coletivo, Sentença Normativa ou regulamento empresarial de observância obrigatória em área territorial que exceda a jurisdição do Tribunal Regional prolator.

Da literalidade da lei, verifica-se a impossibilidade de recurso de revista quanto à divergência de interpretação de contrato individual de trabalho, uma vez que, nesse caso, haverá a necessidade de reexame de fatos e provas.

Também é certo que o TST tem entendido que a parte deve comprovar que a lei estadual, instrumento normativo ou regulamento de empresa extrapolam o âmbito do TRT prolator da decisão recorrida.

5.1.3. Cabimento do recurso de revista pelo fundamento da alínea "c"

Analisando o disposto na alínea "c" do art. 896 da CLT, verificamos caber o recurso de revista quando a decisão for proferida com violação literal de disposição da lei federal ou afronta direta e literal da Constituição da República. Isto é, a violação há de ser manifesta, inequívoca, perceptível à primeira vista, deve estar ligada à literalidade do preceito legal.

Por essa razão, a prática vem demonstrando que a demonstração de violação à lei é, sem dúvida alguma, o pressuposto mais difícil de ser atendido. É necessário que a violação esteja ligada à literalidade da lei.

A jurisprudência do Egrégio Tribunal Superior do Trabalho tem entendido indispensável o prequestionamento, nas hipóteses de indicação de violação à lei. Assim, a decisão recorrida necessita examinar a matéria e enquadrá-la no preceito da lei que a parte pretende apontar como violado, mas a dificuldade em demonstrar o arranhão à literalidade da lei está exatamente no fato de que o julgador, ao aplicá-la, interpreta-a. Esse processo de interpretação dificilmente possibilita ao juiz mudar o conteúdo da lei.

A súmula da jurisprudência do TST de n. 221, em verdade, consagra essa orientação, vejamos:

> Súmula n. 221. Interpretação razoável de preceito de lei, ainda que não seja a melhor, não dá ensejo a admissibilidade ou cabimento dos recursos de revista ou de recursos de embargos, com base, respectivamente, nas alíneas "b" dos arts. 896 e 894 da Consolidação das Leis do Trabalho.

Temos também que o Tribunal Superior do Trabalho, por sua jurisprudência, vem exigindo a indicação expressa do dispositivo da lei apontado como violado. A indicação genérica de violação à lei também não tem sido recebida pela Corte Trabalhista. No entanto, a Orientação Jurisprudencial n. 257 abrandou o rigorismo formal, dispondo:

> OJ SDI-1. RECURSO. FUNDAMENTAÇÃO. VIOLAÇÃO LEGAL. VOCÁBULO VIOLAÇÃO. DESNECESSIDADE. Inserida em 13.3.2002
>
> A invocação expressa, quer na revista, quer nos embargos, dos preceitos legais ou constitucionais tidos como violados não significa exigir da parte a utilização das expressões "contrariar", "ferir", "violar", etc.

Na prática é muito comum a interposição de recurso de revista fundamentado em violação a preceito constitucional por negativa da prestação jurisdicional, e por essa razão o TST através da SBDI-1 – editou a OJ n. 115, dispondo:

> OJ SBDI-1. N. 115. RECURSO DE REVISTA OU DE EMBARGOS. NULIDADE POR NEGATIVA DE PRESTAÇÃO JURISDICIONAL (nova redação, DJ 20.4.2005)
>
> O conhecimento do recurso de revista ou de embargos, quanto à preliminar de nulidade por negativa de prestação jurisdicional, supõe indicação de violação do art. 832 da CLT, do art. 458 do CPC ou do art. 93, IX, da CF/1988.

Art. 896, § 2º, Recurso de Revista na Execução

Conforme disposto no § 2º do art. 896 da CLT é incabível o Recurso de Revista das decisões proferidas pelo TRT em execução de sentença, salvo na hipótese de ofensa literal de norma contida na Constituição.

Art. 896. (...)

§ 2º Das decisões proferidas pelos Tribunais Regionais do Trabalho ou por suas Turmas, em execução de sentença, inclusive em processo incidente de embargos de terceiro, não caberá Recurso de Revista, salvo na hipótese de ofensa direta e literal de norma da Constituição Federal. (alterado pela Lei n. 9.756, de 17.12.1998, DOU 18.12.1998)

No mesmo sentido a Súmula n. 266 do TST a seguir transcrita:

SÚMULA N. 266. RECURSO DE REVISTA. ADMISSIBILIDADE. EXECUÇÃO DE SENTENÇA – Revisão da Súmula n. 210 – Res. n. 14/1985, DJ 19.9.1985

A admissibilidade do recurso de revista interposto de acórdão proferido em agravo de petição, na liquidação de sentença ou em processo incidente na execução, inclusive os embargos de terceiro, depende de demonstração inequívoca de violência direta à Constituição Federal.

5.2. Pressupostos processuais específicos ou intrínsecos do recurso de revista

O recurso de revista não só deve preencher os pressupostos de admissibilidade recursal objetivos e subjetivos, comuns a todos os recursos, como também se exige sejam preenchidos os requisitos específicos, como:

5.2.1. Prequestionamento

Para que o recurso de revista seja conhecido, o recorrente deve cuidar para que a decisão recorrida tenha apreciado explicitamente a matéria. Se for alegada a violação da literalidade de determinado dispositivo de lei que deixou de ser citado, embora o acórdão permita até deduzir que a interpretação é em torno desse dispositivo da lei, deve o recorrente, antes se valer dos embargos declaratórios para deixar prequestionada a matéria.

O eminente Ministro Marco Aurélio, em acórdão unânime no Agravo n. 244.835/SP, da 2ª Turma do Pretório Excelso, assim explica a "razão de ser" de sua configuração, nestas palavras "O prequestionamento não resulta da circunstância de a matéria haver sido empolgada pela parte contrária. A configuração do instituto pressupõe debate e decisão prévios do Colegiado, ou seja, emissão de juízo sobre o tema. O procedimento tem como escopo o cotejo indispensável a que se diga do enquadramento do recurso ordinário no permissivo constitucional, e se o tribunal *a quo* não adotou entendimento explícito a respeito do fato jurígeno veiculado nas razões recursais, inviabilizada fica a conclusão sobre a violência ao preceito evocado pelo Recorrente".

O Tribunal Superior do Trabalho tem entendido que o prequestionamento deve ser explícito, cuidando-se ainda de pressuposto de admissibilidade que a jurisprudência sumulada acabou consagrando para o recurso de natureza extraordinária, sendo certo que as

Súmulas ns. 296 e 297 fazem alusão à preclusão em relação ao prequestionamento. Vejamos o conteúdo das referidas Súmulas:

> SÚMULA N. 296. RECURSO. DIVERGÊNCIA JURISPRUDENCIAL. ESPECIFICIDADE (incorporada a Orientação Jurisprudencial n. 37 da SBDI-1) – Res. n. 129/2005 – DJ 20.4.2005
>
> I – A divergência jurisprudencial ensejadora da admissibilidade, do prosseguimento e do conhecimento do recurso há de ser específica, revelando a existência de teses diversas na interpretação de um mesmo dispositivo legal, embora idênticos os fatos que as ensejaram. (ex--Súmula n. 296 – Res. n. 6/1989, DJ 14.4.1989)
>
> II – Não ofende o art. 896 da CLT decisão de Turma que, examinando premissas concretas de especificidade da divergência colacionada no apelo revisional, conclui pelo conhecimento ou desconhecimento do recurso. (ex-OJ n. 37 – Inserida em 1º.2.1995)
>
> SÚMULA N. 297. PREQUESTIONAMENTO. OPORTUNIDADE. CONFIGURAÇÃO – Nova redação – Res. n. 121/2003, DJ 21.11.2003
>
> I. Diz-se prequestionada a matéria ou questão quando na decisão impugnada haja sido adotada, explicitamente, tese a respeito.
>
> II. Incumbe à parte interessada, desde que a matéria haja sido invocada no recurso principal, opor embargos declaratórios objetivando o pronunciamento sobre o tema, sob pena de preclusão.
>
> III. Considera-se prequestionada a questão jurídica invocada no recurso principal sobre a qual se omite o Tribunal de pronunciar tese, não obstante opostos embargos de declaração.

5.2.2. Transcendência

O art. 896-A da CLT dispõe que o TST não conhecerá de recurso oposto contra decisão em que a matéria de fundo não ofereça transcendência com relação aos reflexos gerais de natureza jurídica, política, social ou econômica. Esse pressuposto de admissibilidade recursal foi introduzido através da MP n. 2.226/2001 e posteriormente pela Lei n. 9.957, de 12.1.2002, que inseriu na CLT o art. 896-A, com a finalidade de desafogar o TST. Através desse dispositivo legal tem-se a permissão ao Tribunal Superior do Trabalho de recusar-se a reconhecer de Recurso de Revista quando a matéria não apresentar relevância em relação aos reflexos gerais de natureza econômica, política, social ou jurídica.

A exigência da transcendência como pressuposto de admissibilidade recursal não é novidade, pois existe em sistemas judiciários estrangeiros. A seleção de processos a serem examinados pelo

Tribunal, com a possibilidade de não ser apreciado aquele que não oferece transcendência, é praxe na Suprema Corte Americana (no *writ of certiorari*), na Suprema Corte Argentina (no *recurso extraordinário*), no Tribunal Constitucional Alemão (na *verfassungsbeschwerdwe*) e no Tribunal Constitucional Espanhol (no *recurso de amparo constitucional*).

No entanto, o STF reconheceu a impossibilidade de se elencar, *a priori,* o que é relevante e o que não é. Isso deve ficar para a jurisprudência, como ocorre nos demais países que adotaram o sistema de seleção. Assim, por ser tarefa da jurisprudência, enquanto não regulamentado pelo TST, o art. 896-A da CLT não poderá ser aplicado como elemento de apreciação prévia do recurso de revista.

Uma vez regulamentada, a transcendência do recurso de revista apenas poderá ser apreciada pelo juízo de admissibilidade *ad quem* do TST, e não pela Presidência dos TRTs, pois o art. 896-A da CLT é claro ao atribuir exclusivamente ao TST a discricionariedade na seleção das causas que julgará em recurso de revista.

> **Art. 896-A.** O Tribunal Superior do Trabalho, no recurso de revista, examinará previamente se a causa oferece transcendência com relação aos reflexos gerais de natureza econômica, política, social ou jurídica (artigo acrescentado pela **MP n. 2.226/2001**, de 4.9.2001, DOU 5.9.2001 – **v. Emenda Constitucional n. 32**).

5.3. Efeito

O recurso de revista é recebido sempre no efeito devolutivo (art. 896, § 1º). Contudo, a devolutividade não é ampla, limita-se às matérias e questões recursais que foram apontadas pelo recorrente, a devolutibilidade é restrita às razões recursais, também não há que se falar em efeito translativo, uma vez que somente devolve a apreciação das questões prequestionadas, nesse sentido, a Orientação Jurisprudencial n. 62.

5.4. Recurso de revista no procedimento sumaríssimo

A Lei n. 9.957/2000 acrescentou ao art. 896 da CLT o § 6º, estabelecendo que, nas causas sujeitas ao procedimento sumaríssimo, somente será admitido recurso de revista por contrariedade a súmula de jurisprudência uniforme do Tribunal Superior do Trabalho e violação direta à Constituição Federal.

Art. 896. (...)

§ 6º Nas causas sujeitas ao procedimento sumaríssimo, somente será admitido recurso de revista por contrariedade a súmula de jurisprudência uniforme do Tribunal Superior do Trabalho e violação direta da Constituição da República (acrescentado pela **Lei n. 9.957**, de 12.1.2000, DOU 13.1.2000).

5.5. INTERPOSIÇÃO DO RECURSO DE REVISTA

O recurso de revista deverá ser interposto através de petição elaborada de acordo com as regras traçadas pelo TST na Instrução Normativa n. 23/2003, que dada a sua importância será transcrita abaixo:

5.5.1. INSTRUÇÃO NORMATIVA N. 23, DE 2003

Editada pela Resolução n. 118.

Publicada no Diário da Justiça em 14.8.2003

Dispõe sobre petições de recurso de revista.

Considerando a necessidade de racionalizar o funcionamento da Corte, para fazer frente à crescente demanda recursal, e de otimizar a utilização dos recursos da informática, visando à celeridade da prestação jurisdicional, anseio do jurisdicionado;

Considerando a natureza extraordinária do recurso de revista e a exigência legal de observância de seus pressupostos de admissibilidade;

Considerando que a elaboração do recurso de maneira adequada atende aos interesses do próprio recorrente, principalmente na viabilização da prestação jurisdicional;

Considerando que o advogado desempenha papel essencial à administração da Justiça, colaborando como partícipe direto no esforço de aperfeiçoamento da atividade jurisdicional, merecendo assim atenção especial na definição dos parâmetros técnicos que racionalizam e objetivam seu trabalho;

Considerando que facilita o exame do recurso a circunstância de o recorrente indicar as folhas em que se encontra a prova da observância dos pressupostos extrínsecos do recurso;

Considerando que, embora a indicação dessas folhas não seja requisito legal para conhecimento do recurso, é recomendável que o recorrente o faça;

RESOLVE, quanto às petições de recurso de revista:

I – Recomendar sejam destacados os tópicos do recurso e, ao demonstrar o preenchimento dos seus pressupostos extrínsecos, sejam indicadas as folhas dos autos em que se encontram:

a) a procuração e, no caso de elevado número de procuradores, a posição em que se encontra(m) o(s) nome(s) do(s) subscritor(es) do recurso;

b) a ata de audiência em que o causídico atuou, no caso de mandato tácito;

c) o depósito recursal e as custas, caso já satisfeitos na instância ordinária;

d) os documentos que comprovam a tempestividade do recurso (indicando o início e o termo do prazo, com referência aos documentos que o demonstram).

II – Explicitar que é ônus processual da parte demonstrar o preenchimento dos pressupostos intrínsecos do recurso de revista, indicando:

a) qual o trecho da decisão recorrida que consubstancia o prequestionamento da controvérsia trazida no recurso;

b) qual o dispositivo de lei, súmula, orientação jurisprudencial do TST ou ementa (com todos os dados que permitam identificá-la) que atrita com a decisão regional.

III – Reiterar que, para comprovação da divergência justificadora do recurso, é necessário que o recorrente:

a) junte certidão ou cópia autenticada do acórdão paradigma ou cite a fonte oficial ou repositório em que foi publicado;

b) transcreva, nas razões recursais, as ementas e/ou trechos dos acórdãos trazidos à configuração do dissídio, demonstrando os conflitos de teses que justifiquem o conhecimento do recurso, ainda que os acórdãos já se encontrem nos autos ou venham a ser juntados com o recurso.

IV – Aplica-se às contrarrazões o disposto nesta Instrução, no que couber.

5.6. EXAME DE ADMISSIBILIDADE

O Presidente do Tribunal em que foi proferida a decisão impugnada examinará a admissibilidade do recurso de revista, podendo recebê-lo ou denegá-lo em decisão fundamentada (art. 896, § 1º, da CLT).

No exame de admissibilidade do recurso, é verificado o atendimento de seus pressupostos extrínsecos e, posteriormente, dos seus pressupostos intrínsecos.

5.7. Processamento

Admitido o recurso, segue-se o processamento, consistente em abertura de vista ao recorrido para contra-arrazoar, no mesmo prazo de oito dias conferido para a interposição, em seguida haverá a imediata remessa dos autos ao Tribunal Superior do Trabalho para julgamento, através de uma das suas Turmas.

Se denegado recebimento, será intimado o recorrente, que poderá agravar de instrumento para o TST, ao qual cabe o segundo exame dos pressupostos para o fim de conhecimento, ou não. Nos termos da Orientação Jurisprudencial n. 287 do TST é exigida a autenticação das cópias do despacho denegatório do recurso de revista e da respectiva certidão de intimação para ser admitido o agravo de instrumento.

> OJ N. 287. AUTENTICAÇÃO. DOCUMENTOS DISTINTOS. DESPACHO DENEGATÓRIO DO RECURSO DE REVISTA E CERTIDÃO DE PUBLICAÇÃO. DJ 11.8.2003 – Distintos os documentos contidos no verso e anverso, é necessária a autenticação de ambos os lados da cópia.

No Tribunal Superior do Trabalho, o processo é submetido ao registro de ingresso, com lançamento da respectiva data, e conferência de folhas. Seguem-se a autuação dentro de sua classe (RR) e a distribuição, também por classe, entre os Ministros competentes para seu julgamento.

Logo que cumpridas essas formalidades, será levado a efeito sorteio de Relator e Revisor e submetido o recurso ao parecer do Ministério Público do Trabalho, obrigatoriamente, se for parte pessoa jurídica de direito público, Estado estrangeiro ou Organismo internacional, facultativamente, nos demais casos, a critério do Relator, quando entender que a relevância da matéria recomenda pronunciamento prévio do *parquet*, sendo certo também que o Ministério Público pode provocar a emissão de parecer prévio, sempre que entender que existe interesse público a justificar sua intervenção.

Compete ao Relator, depois de solucionados eventuais incidentes e de cumpridas diligências que houver por bem ordenar, apor seu visto e remeter os autos ao Revisor. O juiz revisor poderá determinar providências ordinatórias que tenham sido omitidas, confirmar ou retificar o relatório elaborado pelo relator e encaminhar os autos à Secretaria do Órgão julgador para inclusão em pauta.

A pauta de julgamento é organizada pelo Diretor da Secretaria do Órgão julgador (no caso, Turma), fazendo-se a ordenação dos processos de acordo com a classe regimentalmente atribuída, com aprovação de seu Presidente e publicação obrigatória para ciência das partes, dos advogados e do Ministério Público.

O julgamento será feito em sessão pública do Órgão, na presença obrigatória de representante do Ministério Público, e o resultado será publicado no Diário da Justiça da União para efeito de trânsito em julgado, se não for interposto outro recurso cabível, *e. g.,* o Extraordinário ou o de Embargos de Declaração.

5.8. PODERES DO RELATOR NO RECURSO DE REVISTA

A nova redação do § 5º do art. 896 da CLT ampliou os poderes do juiz relator no Recurso de Revista, possibilitando a ele negar seguimento aos recursos de revista, embargos de divergência, ou agravo de instrumento, caso a decisão recorrida esteja em consonância com a Súmula de jurisprudência do próprio Tribunal Superior do Trabalho.

Art. 896.

(...)

§ 5º Estando a decisão recorrida em consonância com enunciado da Súmula da Jurisprudência do Tribunal Superior do Trabalho, poderá o Ministro Relator, indicando-o, negar seguimento ao Recurso de Revista, aos Embargos, ou ao Agravo de Instrumento. Será denegado seguimento ao Recurso nas hipóteses de intempestividade, deserção, falta de alçada e ilegitimidade de representação, cabendo a interposição de Agravo. (incluído pela Lei n. 7.701, de 21.12.1988, DOU 22.12.1988)

Também, em função das alterações introduzidas no art. 557 do CPC, o juiz relator passou a ter poderes para negar seguimento a recurso em várias hipóteses, vejamos:

Art. 557. O relator negará seguimento a recurso manifestamente inadmissível, improcedente, prejudicado ou em confronto com súmula ou com jurisprudência dominante do respectivo tribunal, do Supremo Tribunal Federal, ou de Tribunal Superior.

§ 1º-A Se a decisão recorrida estiver em manifesto confronto com súmula ou com jurisprudência dominante do Supremo Tribunal Federal, ou de Tribunal Superior, o relator poderá dar provimento ao recurso.

§ 1º Da decisão caberá agravo, no prazo de cinco dias, ao órgão competente para o julgamento do recurso, e, se não houver retratação, o relator apresentará o processo em mesa, proferindo voto; provido o agravo, o recurso terá seguimento.

§ 2º Quando manifestamente inadmissível ou infundado o agravo, o tribunal condenará o agravante a pagar ao agravado multa entre um e dez por cento do valor corrigido da causa, ficando a interposição de qualquer outro recurso condicionada ao depósito do respectivo valor.

A aplicação do referido dispositivo legal no Processo do Trabalho foi regulamentada pelo Tribunal Superior do Trabalho por meio da Instrução Normativa n. 17/2000.

5.8.1. INSTRUÇÃO NORMATIVA N. 17

Uniformiza a interpretação da Lei n. 9.756, de 17 de dezembro de 1998, com relação ao recurso de revista.

I – Aplica-se ao processo do trabalho o disposto no parágrafo único do art. 120 do Código de Processo Civil, segundo a redação dada pela Lei n. 9.756/1998, relativo ao conflito de competência, nos seguintes termos:

Havendo jurisprudência dominante no Tribunal sobre a questão suscitada, o relator poderá decidir, de plano, o conflito de competência, cabendo agravo, no prazo de oito dias, contado da intimação às partes, para o órgão recursal competente.

II – Aplica-se ao processo do trabalho o parágrafo único acrescido ao art. 481 do Código de Processo Civil, conforme redação dada pela Lei n. 9.756/1998, no que tange à declaração de inconstitucionalidade, nos seguintes termos:

Os órgãos fracionários dos Tribunais não submeterão ao plenário, ou ao órgão especial, a arguição de inconstitucionalidade, quando já houver pronunciamento destes, ou do plenário do Supremo Tribunal Federal, sobre a questão.

III – Aplica-se ao processo do trabalho o *caput* do art. 557 do Código de Processo Civil, com a redação dada pela Lei n. 9.756/1998, salvo no que tange aos recursos de revista, embargos e agravo de instrumento, os quais continuam regidos pelo § 5º do art. 896 da Consolidação das Leis do Trabalho – CLT, que regulamenta as hipóteses de negativa de seguimento a recurso.

Assim, ressalvadas as exceções apontadas, o relator negará seguimento a recurso manifestamente inadmissível, improcedente, prejudicado ou em confronto com súmula ou com jurisprudência dominante do respectivo Tribunal, do Supremo Tribunal Federal ou de Tribunal Superior.

Outrossim, aplicam-se ao processo do trabalho os §§ 1º-A e 1º e 2º do art. 557 do Código de Processo Civil, adequando-se o prazo do agravo à sistemática do processo do trabalho (oito dias).

Desse modo, se a decisão recorrida estiver em manifesto confronto com súmula ou com jurisprudência dominante do Supremo Tribunal Federal ou de Tribunal Superior, o relator poderá dar provimento ao recurso, cabendo agravo, no prazo de oito dias, ao órgão competente para o julgamento do recurso. Se não houver retratação, o relator, após incluir o processo em pauta, proferirá o voto. Provido o agravo, o recurso terá seguimento. (NR)

IV – Os beneficiários da justiça gratuita estão dispensados do recolhimento antecipado da multa prevista no § 2º do art. 557 do CPC.(NR)

V – As demais disposições oriundas de alteração do processo civil, resultantes da Lei n. 9.756/1998, consideram-se inaplicáveis ao processo do trabalho, especialmente o disposto no art. 511, *caput*, e seu § 2º.

O Superior Tribunal de Justiça firmou entendimento constante na Súmula n. 253, de que os poderes conferidos ao relator pelo art. 557 do CPC alcançam o reexame necessário.

5.9. Jurisprudência do TST sobre recurso de revista

A jurisprudência uniforme do Tribunal Superior do Trabalho, consubstanciada através de súmulas, estabelece de plano as hipóteses em que o recurso de revista não é cabível, sendo que por oportuno colacionamos abaixo:

a) Não cabe recurso de revista para reexame de fatos e provas, Súmula n. 126.

Súmula n. 126. RECURSO. CABIMENTO. Incabível o recurso de revista ou de embargos (arts. 896 e 894, "b", da CLT) para reexame de fatos e provas. Também não cabe o recurso de revista contra acórdão regional prolatado em agravo de instrumento.

Súmula n. 218. RECURSO DE REVISTA. ACÓRDÃO PROFERIDO EM AGRAVO DE INSTRUMENTO.

É incabível recurso de revista interposto de acórdão regional prolatado em agravo de instrumento. (Res. n. 14/1985, DJ 19.9.1985)

b) O cabimento contra decisões proferidas em execução de sentença também é muito restrito, pois limitado à demonstração inequívoca de violação direta e literal a preceito constitucional, Súmula n. 266, do TST e que acabou sendo seguida pela Lei n. 9.756/1998 ao dar redação ao § 2º do art. 896 da Consolidação das Leis do Trabalho.

Súmula n. 266. RECURSO DE REVISTA. ADMISSIBILIDADE. EXECUÇÃO DE SENTENÇA – Revisão da Súmula n. 210 – Res. n. 14/1985, DJ 19.9.1985.

A admissibilidade do recurso de revista interposto de acórdão proferido em agravo de petição, na liquidação de sentença ou em processo incidente na execução, inclusive os embargos de terceiro, depende de demonstração inequívoca de violência direta à Constituição Federal.

c) Também quando a decisão recorrida guardar consonância com interativa, notória e atual jurisprudência do Tribunal Superior do Trabalho, o recurso de revista se defronta com o óbice ds Súmula n. 333 do TST, que revisada por aquela Egrégia Corte conforme dá notícia a Resolução n. 99/2000 publicada no DJ 18.9.2000 e que passou a ter a seguinte redação: "Não ensejam recursos de revista ou de embargos decisões superadas por iterativa, notória e atual jurisprudência do Tribunal Superior do Trabalho".

d) Súmula n. 333. RECURSOS DE REVISTA E DE EMBARGOS. CONHECIMENTO. Redação dada pela Res. n. 99/2000, DJ 18.9.2000. Não ensejam recursos de revista ou de embargos decisões superadas por iterativa, notória e atual jurisprudência do Tribunal Superior do Trabalho.

Prequestionamento. Pressuposto de recorribilidade em apelo de natureza extraordinária. Necessidade, ainda que a matéria seja de incompetência absoluta. OJ N. 62 – SDI-1. PREQUESTIONAMENTO. PRESSUPOSTO DE RECORRIBILIDADE EM APELO DE NATUREZA EXTRAORDINÁRIA. NECESSIDADE, AINDA QUE A MATÉRIA SEJA DE INCOMPETÊNCIA ABSOLUTA. Inserida em 14.3.1994.

e) Súmula n. 297 do TST cuida expressamente do prequestionamento nos seguintes termos:

1 – Diz-se prequestionada a matéria ou a questão quando na decisão impugnada haja sido adotada, explicitamente, tese a respeito. 2 – Incumbe à parte interessada, desde que a matéria haja sido invocada no recurso principal, opor embargos declaratórios objetivando o pronunciamento sobre o tema, sob pena de preclusão. 3 – Considera-se prequestionada a questão jurídica invocada no recurso principal sobre o qual se omite o tribunal de pronunciar tese, não obstante opostos embargos de declaração.

f) a Orientação Jurisprudencial n. 151 da SDI-1 – trata do prequestionamento em decisão que apenas adota os fundamentos da sentença, afirmando que no caso haverá a ausência de prequestionamento.

"Decisão regional que simplesmente adota os fundamentos da decisão de primeiro grau não preenche a exigência do prequestionamento, tal como previsto na Súmula n. 297."

g) a Súmula n. 221 dispõe que

"Interpretação razoável de preceito de lei, ainda que não seja a melhor, não dá ensejo à admissibilidade ou ao conhecimento dos recursos de revista ou de embargos com base, respectivamente, nas alíneas *b* dos arts. 896 e 894 da Consolidação das Leis do Trabalho."

A violação há de estar ligada à literalidade do preceito. Esta súmula é um exemplo da rigidez de entendimento da violação de norma legal, que hoje deve ser literal, em se tratando de lei federal, e literal e direta, em se tratando da Constituição da República. Desse modo, ficam afastadas interpretações eventualmente extravagantes de julgados regionais que, sob capa de serem razoáveis, embora não firam a literalidade da lei federal ou do Estatuto Magno, são oferecidos como paradigmas para cotejo com o acórdão impugnado, abrindo caminho, na verdade, ao reexame da prova fática.

h) Conforme dispõe a Súmula n. 285 do TST, o fato de o juízo de admissibilidade do recurso de revista entendê-lo cabível apenas quanto à parte das matérias veiculadas não impede a apreciação integral pela Turma do Tribunal Superior do Trabalho, sendo imprópria a interposição de agravo de instrumento. Essa Súmula deixa certo o direito do recorrente de ver apreciada a Revista em toda a sua extensão, ainda que recebida apenas por uma parte de seu fundamento para a admissibilidade. Também evita retardar o processo, cortando com sua interpretação liberal o pretexto para agravar de instrumento.

N. 285. RECURSO DE REVISTA. ADMISSIBILIDADE PARCIAL PELO JUIZ--PRESIDENTE DO TRIBUNAL REGIONAL DO TRABALHO. EFEITO

O fato de o juízo primeiro de admissibilidade do recurso de revista entendê-lo cabível apenas quanto a parte das matérias veiculadas não impede a apreciação integral pela Turma do Tribunal Superior do Trabalho, sendo imprópria a interposição de agravo de instrumento. (Res. n. 18/1988, DJ 18.3.1988)

6. Recurso de embargos no TST

O art. 893 da legislação trabalhista originária deu a este recurso a denominação genérica de Embargos, sem se preocupar em melhor tipificá-lo pela qualificação.

No entanto, a finalidade de cada um dos recursos distingue de forma clara e inequívoca os Embargos no TST. Os embargos infringentes têm por finalidade a modificação de julgado oriundo de processo de Dissídio Coletivo do Trabalho da competência originária do próprio TST, e os embargos de divergência objetivam a uniformização das decisões no âmbito do TST.

Assim, por oportuno, vamos tratar especificadamente de cada uma das modalidades de embargos tratada no art. 894 da CLT.

6.1. Embargos de divergência

Os Embargos de divergência são também um recurso de natureza extraordinária, como o recurso de revista, pois é através dele que se propicia a uniformização da jurisprudência trabalhista no âmbito do Tribunal Superior do Trabalho, e, ao tratar dos recursos de Embargos de Divergência, Wagner Giglio nos ensina que "se o recurso de revista visa eliminar as divergências de interpretação entre Tribunais Regionais, em razão dos inconvenientes resultante da incerteza jurisprudencial, pelo mesmo fundamento e com maior razão devem ser eliminados os conflitos de julgados verificados entre decisões de Turmas do mesmo Tribunal Superior, por meio de embargos".[17]

6.1.1. CABIMENTO

Os Embargos de Divergência vêm previstos no inciso II do art. 894 da CLT com a nova redação que lhe foi dada pela Lei n. 11.496/2007 nos seguintes termos:

> Art. 894. No Tribunal Superior do trabalho cabem embargos no prazo de oito dias:
>
> I – (...)
>
> II – das decisões das Turmas do Tribunal Superior do Trabalho que divergirem entre si, ou das decisões proferidas pela Seção de Dissídios Individuais, salvo se a decisão recorrida estiver em consonância com súmula ou orientação jurisprudencial do Tribunal Superior do Trabalho ou do Supremo Tribunal Federal.

Da leitura do mencionado dispositivo legal tem-se que os embargos são o recurso cabível para atacar as decisões das Turmas que divergirem entre si, ou das decisões proferidas pela Seção de Dissídios Individuais, salvo se a decisão recorrida estiver em consonância com súmula ou orientação jurisprudencial do Tribunal Superior do Trabalho ou do Supremo Tribunal Federal.

Em resumo: os embargos são cabíveis: a) das decisões proferidas por uma turma do TST que divergir de outra turma; b) das decisões proferidas por uma turma do TST que divergir de decisão da SDI do TST; c) das decisões proferidas por uma turma do TST que divergir de orientação jurisprudencial do TST; d) das decisões proferidas por uma turma do TST que divergir de Súmula do TST.

O Regimento interno do Tribunal Superior do Trabalho, no art. 73, incisos I e II, letra *a*, também trata do cabimento dos Embargos de Divergência nos seguintes termos:

---

(17) GIGLIO, Wagner D. *Op. cit.*, p. 432.

Art. 73. À Seção Especializada em Dissídios Individuais compete julgar em Pleno ou dividida em duas Subseções, cabendo:

I – (...)

II – à Subseção I:

a) julgar os embargos interpostos das decisões divergentes das Turmas, ou destas com decisão da Seção de Dissídios Individuais, com Orientações Jurisprudenciais ou com Súmula e, ainda, as que violarem literalmente preceito de lei federal ou da Constituição da República; e (Redação dada pela Emenda Regimental n. 3/2005, DJU 11.5.2005)

Importante mencionar que o Tribunal Superior do Trabalho, na Súmula n. 353, sedimentou o seguinte entendimento sobre o cabimento dos embargos:

Não cabem embargos para a SDI de decisão de Turma proferida em agravo, salvo:

a) da decisão que não conhece de agravo de instrumento ou de agravo pela ausência de pressupostos extrínsecos;

b) da decisão que nega provimento a agravo contra decisão monocrática do Relator, em que se proclamou a ausência de pressupostos extrínsecos de agravo de instrumento;

c) para revisão dos pressupostos extrínsecos de admissibilidade do recurso de revista, cuja ausência haja sido declarada originariamente pela Turma no julgamento do agravo;

d) para impugnar o conhecimento de agravo de instrumento;

e) para impugnar imposição de multas previstas no art. 538, parágrafo único, do CPC, ou no art. 557, § 2º, do CPC.

Verifica-se que a referida Súmula dá uma interpretação mais ampla sobre o cabimento do recurso de embargos das decisões de Turma proferidas em Agravo e que serão apreciadas pela SDI, deixando certo que de regra não cabe o recurso salvo para revisão de decisão monocrática quanto a pressupostos extrínsecos do recurso e que denega conhecimento ao de agravo de instrumento. Isto significa que poderá ser apresentado o recurso de embargos para ser reexaminada a decisão da turma do TST que deixou de conhecer ou que negou provimento ao agravo de instrumento ou regimental pela ausência de pressupostos extrínsecos (tempestividade, regularidade formal e preparo).

Também prevê a possibilidade de ser reexaminada a decisão no que se refere à aplicação de multa por entender que o recurso tem caráter protelatório, ou seja: a parte pode se utilizar dos embargos para revisão da multa fixada.

6.1.2. Processamento dos Embargos de Divergência

O recurso de Embargos no TST não tem procedimento detalhado na legislação processual ordinária, mas sim no Regimento Interno do Tribunal Superior do Trabalho, e também na jurisprudência sumulada deste Tribunal sobre a matéria que estabelecem as seguintes regras:

a) O recurso deve ser interposto no prazo de oito dias, contados da publicação do acórdão ou de sua conclusão no órgão oficial e é dirigido ao presidente da Seção de Dissídios Individuais, devendo ingressar pelo Protocolo do Tribunal para encaminhamento à Secretaria da Turma, em 48 horas.

b) Deverá o embargante preencher o pressuposto específico de admissibilidade, referente a comprovação da divergência que deverá ser feita através de certidão ou cópias autenticadas dos acórdãos apontados como divergentes da interpretação adotada pela decisão recorrida e pela citação da fonte oficial ou repositório autorizado, em que publicados.

c) Independentemente da comprovação da divergência, o embargante deverá apresentar, nas razões de recurso, as ementas ou os trechos da fundamentação dos acórdãos configurados no conflito jurisprudencial e expor as teses que se "identificam ou assemelhem aos casos confrontados mesmo que os acórdãos já estejam nos autos ou instruam a interposição".

Diante da natureza extraordinária do recurso de Embargos de Divergência, não se aplica a regra contida no art. 899 da CLT: "os recursos serão interpostos por simples petição", pois, se não cumpridas as exigências legais e jurisprudenciais, o recurso terá a denegação de seguimento, cabendo Agravo Regimental contra essa decisão.

Admitido o recurso, o embargado terá vista para contrarrazões no mesmo prazo de oito dias. Em seguida, será feito o sorteio de relator, ao qual é conferida a prerrogativa de negar seguimento, se a matéria de divergência tiver sido sumulada em contrário às teses do embargante depois da admissibilidade pelo presidente da Turma.

Aplicam-se aos embargos as mesmas regras contidas no art. 896, § 5º, da CLT onde se tem que, "estando a decisão recorrida em consonância com a Súmula da Jurisprudência do Tribunal Superior do Trabalho, o relator poderá, indicando-a, negar seguimento ao recurso. Também poderá o relator denegar seguimento ao recurso nas hipóteses de intempestividade, deserção, falta de alçada e ilegitimidade de representação (art. 896, § 5º, da CLT), e se a decisão recorrida estiver em manifesto confronto com Súmula ou com Jurisprudência predominante do STF ou do TST, o relator poderá dar provimento ao recurso".

Cabe agravo regimental, no prazo de oito dias, ao órgão competente, da decisão do relator que negar seguimento ou dar provimento aos embargos na forma do art. 557, § 1º-A, do CPC. Quando manifestamente inadmissível ou infundado o agravo, o Tribunal condenará o agravante a pagar ao agravado multa entre 1% e 10% do valor corrigido da causa, ficando a interposição de qualquer recurso condicionada ao depósito do respectivo valor, salvo quando a parte for beneficiária da justiça gratuita, nos termos da Instrução Normativa n. 17 do TST com a redação que lhe conferiu a Resolução n. 131/2005.

Com o visto do relator, caso não negue seguimento ou dê provimento ao recurso, o processo será encaminhado à Secretaria do Colegiado para designação de revisor. Após visto do relator e do revisor, os embargos serão incluídos em pauta para julgamento. Importante ressaltar que não existe vinculação entre o despacho proferido pelo relator admitido o recurso e a decisão do colegiado.

6.1.3. DA COMPETÊNCIA PARA JULGAR OS EMBARGOS DE DIVERGÊNCIA

De acordo com o disposto no art. 71 do Regimento Interno do Tribunal Superior do Trabalho, cabe à Seção Especializada em Dissídios Individuais, em composição plena ou dividida em duas Subseções, julgar, em caráter de urgência e com preferência na pauta, os processos nos quais tenha sido estabelecida, na votação, divergência entre as Subseções I e II da Seção Especializada em Dissídios Individuais, quanto à aplicação de dispositivo de lei federal ou das Súmulas e Orientações jurisprudenciais sobre Embargos de Divergência.

> Art. 71. À Seção Especializada em Dissídios Individuais, em composição plena ou dividida em duas Subseções, compete:
>
> a) julgar os embargos interpostos contra decisões divergentes das Turmas, ou destas que divirjam de decisão da Seção de Dissídios Individuais, de Orientação Jurisprudencial ou de Súmula.

O embargante deverá ainda observar todas as disposições contidas nas Súmulas e orientações jurisprudenciais do Tribunal Superior do Trabalho relacionadas ao recurso dos embargos de divergência, sendo certo que em regra são aplicadas tanto ao recurso de revista quanto ao recurso de embargos e que são:

a) Súmula n. 23 do TST: *Não se conhece da revista ou dos embargos, quando a decisão recorrida resolver determinado item do pedido por diversos fundamentos e a jurisprudência transcrita não abranger a todos.* De acordo com esta Súmula, fica demonstrado que não há lugar para aceitação do recurso fundado em paradigmas que não abranjam toda a área de fundamentação do *decisum* do acórdão tido por divergente. Por essa razão, não dispondo o embargante de um aresto que abranja toda a matéria da fundamentação da divergência, é possí-vel se valer de mais de um acórdão paradigma que viole, isoladamente, um ou mais pontos dessa fundamentação. O essencial é que no conjunto da jurisprudência invocada estejam apreciados, em sentido contrário ao do acórdão embargado, todos os pontos de sua funda-mentação.

b) Súmula n. 126 do TST. Não cabem para revolver matéria voltada para o exame de fatos e provas. Esta Súmula reforça a ideia de que, diante do caráter extraordinário do recurso de embargos, não comportam qualquer discussão envolvendo matéria fática.

c) Súmula n. 333. Não são cabíveis, quando as decisões estiverem superadas por iterativa notória e atual jurisprudência do TST.

d) OJ n. 115 do TST. Admite-se o conhecimento do recurso de embargos, quanto à preliminar de nulidade por negativa de prestação jurisdicional, por violação do art. 832 da CLT, ou do art. 458 do CPC ou do art. 93, IX, da CF/88. Esta regra consagra o mandamento constitucional do dever de prestação jurisdicional pelo Estado ao cidadão. Rigor deverá haver no exame da alegação, a fim de que não se venha a servir dele para a postulação de provimentos baseados em falsa negação da prestação jurisdicional.

e) Quando se tratar de Acórdãos oriundos da mesma Turma do TST. embora divergentes, não fundamentam divergência jurisprudencial de que trata a alínea *b* do art. 894 da Consolidação das Leis do Trabalho para embargos à Seção Especializada em Dissídios Individuais, Subseção, ou seja, não se admite o recurso na hipótese de divergência interna da Turma.

f) Súmula n. 221 do TST. A admissibilidade do recurso de revista e de embargos por violação tem como pressuposto a indicação expressa do dispositivo de lei ou da Constituição tido como violado e interpretação razoável de preceito de lei, ainda que não seja a melhor, não dá ensejo à admissibilidade ou ao conhecimento de recurso de revista ou de embargos com base, respectivamente, na alínea "c" do art. 896 e na alínea "b" do art. 894 da CLT.

g) Súmula n. 266. A divergência jurisprudencial ensejadora da admissibilidade, do prosseguimento e do conhecimento do recurso há de ser específica, revelando a existência de teses diversas na interpretação de um mesmo dispositivo legal, embora idênticos os fatos que as ensejaram. Não ofende o art. 896 da CLT decisão de Turma que, examinando premissas concretas de especificidade da divergência colacionada no apelo revisional, conclui pelo conhecimento ou desconhecimento do recurso.

h) Súmula n. 297. Diz-se prequestionada a matéria ou questão quando na decisão impugnada haja sido adotada, explicitamente, tese a respeito. Incumbe à parte interessada, desde que a matéria haja sido invocada no recurso principal, opor embargos declaratórios objetivando o pronunciamento sobre o tema, sob pena de preclusão. Considera-se prequestionada a questão jurídica invocada no recurso principal sobre a qual se omite o Tribunal de pronunciar tese, não obstante opostos embargos de declaração.

i) Súmula n. 353. Não cabem embargos para a Seção de Dissídios Individuais de decisão de Turma proferida em agravo, salvo: a) da decisão que não conhece de agravo de instrumento ou de agravo pela ausência de pressupostos extrínsecos; b) da decisão que nega provimento a agravo contra decisão monocrática do Relator, em que se proclamou a ausência de pressupostos extrínsecos de agravo de instrumento; c) para revisão dos pressupostos extrínsecos de admissibilidade do recurso de revista, cuja ausência haja sido declarada originariamente pela Turma no julgamento do agravo; d) para impugnar o conhecimento de agravo de instrumento; e) para impugnar a imposição de multas previstas no art. 538, parágrafo único, do CPC, ou no art. 557, § 2º, do CPC.

Esta súmula leva em conta que, em recurso de agravos, são decididas matérias que dizem respeito, de modo direto, ao cabimento ou conhecimento do recurso, mas não ao mérito da lide. Assim, seria intolerável permitir-se o oferecimento de embargos nessas hipóteses.

6.2. EMBARGOS INFRINGENTES

Conforme assinala Bernardo Pimentel Souza, "o recurso de embargos infringentes surgiu no velho direito português, não havendo registro do instituto no direito romano, nem em outros ordenamentos jurídicos do passado e do presente".[18]

Analisando as disposições do art. 894 da CLT com a nova redação que lhe foi dada pela Lei n. 11.496/2007, verificamos que os embargos infringentes são o recurso cabível no Tribunal Superior do Trabalho de decisão não unânime de julgamento que conciliar, julgar

---

(18) SOUZA, Bernardo Pimentel. *Introdução aos recursos cíveis e à ação rescisória*. 2. ed. Belo Horizonte: Maza, 2001. p. 325.

ou homologar conciliação em dissídios coletivos de competência originária do TST, uma vez que excedem a competência territorial dos Tribunais Regionais do Trabalho, e estender ou rever as sentenças normativas do Tribunal Superior do Trabalho nos casos previstos em lei.

6.2.1. CABIMENTO

O Regimento interno do TST no art. 232 trata deste recurso nos seguintes termos:

> Art. 232. Cabem embargos infringentes das decisões não unânimes proferidas pela Seção Especializada em Dissídios Coletivos, no prazo de oito dias, contados da publicação do acórdão no órgão oficial, nos processos de Dissídios Coletivos de competência originária do Tribunal.
>
> Parágrafo único. Os embargos infringentes serão restritos à cláusula em que há divergência, e, se esta for parcial, ao objeto da divergência.

Analisando a regra contida no parágrafo único do art. 232 do RITST, verificamos que o cabimento do recurso em tela será restrito à cláusula em que há divergência e, se for parcial, apenas em relação ao objeto da divergência.

6.2.2. EFEITO

Os Embargos Infringentes são recebidos apenas no efeito devolutivo e, por se tratar de recurso de natureza ordinária, comporta devolutibilidade ampla, abrangendo matéria fática e jurídica, desde que restrita à cláusula em que não houve decisão unânime.

6.2.3. PROCESSAMENTO

O processamento dos embargos infringentes vem previsto nos arts. 233 e 234 do Regimento Interno do TST onde se tem:

> **Art. 233.** Registrado o protocolo na petição a ser encaminhada à Secretaria do órgão julgador competente, esta juntará o recurso aos autos respectivos e abrirá vista à parte contrária, para impugnação, no prazo legal. Transcorrido o prazo, o processo será remetido à unidade competente, para ser imediatamente distribuído.
>
> **Art. 234.** Não atendidas as exigências legais relativas ao cabimento dos embargos infringentes, o Relator denegará seguimento ao recurso, facultada à parte a interposição de agravo regimental.

6.2.4. Competência para julgamento

Conforme disposto no art. 70, II, c, do Regimento Interno do TST, a competência funcional para julgar os embargos infringentes é da Seção Especializada em Dissídios Coletivo daquela Corte. Vejamos:

> Art. 70. À Seção Especializada em Dissídios Coletivos compete:
>
> II – em última instância, julgar:
>
> c) os embargos infringentes interpostos contra decisão não unânime proferida em processo de dissídio coletivo de sua competência originária, salvo se a decisão embargada estiver em consonância com precedente normativo do Tribunal Superior do Trabalho, ou com Súmula de sua jurisprudência predominante.

7. Agravo de instrumento

O processo do trabalho prevê quatro tipos de agravos: 1) agravo de instrumento; 2) agravo de petição; 3) agravo regimental; 4) agravo interno. Por outro lado, em vista da regra da irrecorribilidade das decisões interlocutórias, não há que se falar em agravo retido na seara trabalhista.

Nos termos do disposto na alínea "b" do art. 897 da Consolidação das Leis do Trabalho, cabe agravo de instrumento dos despachos (decisão monocrática) que denegarem a interposição dos recursos.

Assim, podemos afirmar que cabe agravo de instrumento da decisão que denegar seguimento ao recurso ordinário, adesivo, de revista e extraordinário, e também contra a decisão que denega seguimento ao agravo de instrumento interposto.

Não cabe agravo de instrumento para atacar a decisão que denega seguimento aos embargos para o Tribunal Superior do Trabalho, pois o recurso cabível seria o agravo regimental, ainda que alguns doutrinadores afirmem caber agravo de instrumento (Sergio Pinto Martins), e, quando se tratar de recurso de revista fundamentado em mais de uma matéria, a decisão proferida pelo juiz presidente do TRT que o admitir apenas em relação a uma delas não enseja a interposição de agravo de instrumento, uma vez que o juízo *ad quem* não fica adstrito a tal delimitação, podendo conhecer todos os fundamentos contidos no recurso de revista. Nesse sentido, a Súmula n. 285 do TST, *in verbis:*

> Súmula n. 285. O fato de o juízo primeiro de admissibilidade do recurso de revista entendê-lo cabível apenas quanto a parte das matérias

veiculadas não impede a apreciação integral pela Turma do Tribunal Superior do Trabalho, sendo imprópria a interposição de agravo de instrumento.

O agravo de instrumento submete-se ao juízo de retratação, que consiste na possibilidade de o juiz reconsiderar a decisão impugnada.

7.1. Natureza jurídica dos despachos que denegam seguimento aos recursos

Não existe uniformidade de entendimento na doutrina no que se refere à natureza jurídica do ato do juiz que denega seguimento ao recurso. Há quem afirme tratar-se de despacho, uma vez que não se trata de decisão que resolve questão incidente, pois o ato processual que denegou seguimento ao recurso é posterior à sentença. Outros afirmam que não se trata de simples despacho, uma vez que este não admite a interposição de qualquer recurso, tratando-se, portanto, de decisão interlocutória.

Questiona-se em doutrina o cabimento de agravo de instrumento contra a decisão que denega pedido de revisão do valor da causa, Wagner Giglio e outros doutrinadores entendem que sim, outros, no entanto, afirmam o não cabimento. Aqueles que sustentam que a Lei n. 1.060/1950 não foi revogada pela Lei n. 5.584/1970 a teor do art. 17 sustentam o cabimento. Ao tratar do assunto, assim se posiciona Sergio Pinto Martins.[19]

> contra despachos que impede o pedido de revisão do valor da causa, pois, no caso não é possível a interposição de mandado de segurança, nem da correição parcial, sendo o agravo de instrumento o meio adequado para a obtenção da reforma daquela decisão interlocutória.

A Lei n. 8.432/1992 tornou obrigatório que as partes promovam a formação do instrumento do agravo, de modo a permitir que, se for provido o agravo, passa-se ao imediato julgamento do recurso, denegado, sendo certo que foi acrescentado o § 5º no art. 897 da CLT, onde se têm logo no inciso I desse mesmo parágrafo as peças obrigatórias que devem instruir a formação do agravo, tais como: a)

---

(19) MARTINS, Sergio Pinto. *Direito processual do trabalho*. São Paulo: Atlas, 2001. p. 405.

a cópia da decisão agravada; b) da certidão da respectiva intimação; c) das procurações outorgadas aos advogados do agravante e agravado; d) petição inicial; e) contestação; f) decisão originária; g) comprovação do depósito recursal e do recolhimento das custas.

Também conforme se verifica, o inciso II do mesmo dispositivo consolidado permitiu que o agravante juntasse, também, facultativamente, peças que reputasse úteis ao deslinde da matéria de mérito controvertida.

A não apresentação das peças obrigatórias ou necessárias ao julgamento do agravo e do recurso denegado impede o conhecimento do agravo (art. 897, § 5º, da CLT), não se admitindo a concessão de prazo para a regularização do instrumento.

7.2. Matéria a ser tratada nas razões do agravo

As razões do agravo não devem ficar adstritas às razões do recurso trancado, mas devem voltar-se para combater a juridicidade do r. despacho agravado. O agravo de instrumento não é sucedâneo do recurso denegado e o seu êxito depende, portanto, de a parte mostrar que o recurso tinha condições de ser processado.

7.3. Efeito

O agravo de instrumento é recebido sempre no efeito devolutivo, e a matéria analisada será o acerto ou não da decisão que denegou seguimento ao recurso interposto, e somente em caso de provimento do agravo de instrumento é que o Tribunal passará a analisar o recurso cujo seguimento havia sido obstado pelo juízo *a quo*.

A jurisprudência do TST tem-se firmado no sentido de que não cabe mandado de segurança com a finalidade de conceder efeito suspensivo ao agravo de instrumento interposto contra despacho que não recebe o agravo de petição, a medida cabível é a ação cautelar, conforme Súmula n. 267 do STF.

7.4. Preparo

De início não era exigido o preparo para a interposição do agravo de instrumento, uma vez que já haviam sido feitos o depósito recursal e pagamento de custas por ocasião da interposição do recurso denegado, mas recentemente por força da Lei n. 12.275, publicada em 29 de junho de 2010, foi alterado o art. 897, § 5º, I, da CLT e acrescentado o § 7º no art. 899 do mesmo diploma legal, instituindo o depósito recursal no montante de 50% do valor do depósito cujo recurso se pretende destrancar como requisito de admissibilidade do agravo de instrumento trabalhista.

7.5. Processamento

O agravo de instrumento, uma vez protocolado, é autuado, em seguida será concluso ao juiz prolator do despacho agravado, para reforma ou confirmação da decisão impugnada. Mantida a decisão, o agravado será, dentro da observância ao princípio do contraditório, notificado para oferecer a contraminuta, bem como as contrarrazões ao recurso principal. Ao juízo agravado não é permitido obstar o seguimento do agravo de instrumento. Importante ressaltar que no processo do trabalho não é cabível o agravo retido na forma que é admitido no Direito Processual Civil, pois as decisões interlocutórias não são irrecorríveis. Tais decisões apenas poderão ser questionadas quando da interposição do recurso da decisão definitiva.

A competência para julgar o agravo de instrumento é do Tribunal que seria competente para julgar o recurso cujo seguimento foi denegado.

No julgamento do agravo de instrumento, ao afastar o óbice apontado pelo TRT para o processamento do recurso de revista, o juízo *ad quem* pode prosseguir no exame dos demais pressupostos extrínsecos e intrínsecos do recurso de revista, mesmo que não apreciados pelo TRT (Orientação Jurisprudencial n. 282 da SDI-1 do TST).

A Instrução Normativa n. 16/2002 do TST disciplina o procedimento do agravo de instrumento, estabelecendo que:

a) limitado o seu cabimento, no processo do trabalho, aos despachos que denegarem a interposição de recurso (art. 897, *b*, da CLT), o agravo de instrumento será dirigido à autoridade judiciária prolatora do despacho agravado, no prazo de oito dias de sua intimação, e processado em autos apartados;

b) o agravo não será conhecido se o instrumento não contiver as peças necessárias para o julgamento do recurso denegado, incluindo a cópia do respectivo arrazoado e da comprovação da satisfação de todos os pressupostos extrínsecos do recurso principal;

c) o agravo de instrumento, protocolizado e autuado, será concluso ao juiz prolator do despacho agravado, para reforma ou para confirmar a decisão impugnada, observando-se a competência estabelecida nos arts. 659, inc. VI, e 682, inc. IX, da CLT;

d) mantida a decisão agravada, será intimado o agravado para apresentar contrarrazões relativamente ao agravo e, simultaneamente, ao recurso principal, juntando as peças que entender necessárias para o julgamento de ambos, encaminhando-se, após, os autos do agravo ao juízo competente;

e) provido o agravo, o órgão julgador deliberará quanto ao julgamento do recurso destrancado, observando-se, daí em diante, o procedimento relativo a tal recurso, com a designação de relator e de revisor, se for o caso;

f) cumpre às partes providenciar a correta formação do instrumento, não sendo possível converter o processo em diligência para a apresentação das peças que não foram apresentadas no momento próprio;

g) da certidão de julgamento do agravo constará o resultado da deliberação relativa à apreciação do recurso denegado.

8. Agravo regimental

O agravo regimental é um recurso previsto nos Regimentos Internos dos Tribunais, cabível para atacar decisão que denegar seguimento ao recurso, ou para atacar decisões das quais a lei não prevê nenhum recurso, também há alguns regimentos internos que admitem o Agravo regimental para atacar decisão que denegar ou conceder medida liminar, que indeferir de plano petição inicial de ação rescisória, mandado de segurança, ação cautelar e *habeas corpus*, das decisões proferidas pelo corregedor em reclamação correcional e proferidas pelo Presidente do Tribunal em matéria administrativa etc.

8.1. Cabimento

No âmbito do Tribunal Superior do Trabalho, o seu cabimento vem disciplinado no art. 235 do Regimento Interno do Tribunal nos seguintes termos:

Art. 235. Cabe agravo regimental, no prazo de oito dias, para o Órgão Especial, Seções Especializadas e Turmas, observada a competência dos respectivos órgãos, nas seguintes hipóteses:

I – do despacho do Presidente do Tribunal que denegar seguimento aos embargos infringentes;

II – do despacho do Presidente do Tribunal que suspender execução de liminares ou de decisão concessiva de mandado de segurança;

III – do despacho do Presidente do Tribunal que conceder ou negar suspensão da execução de liminar, antecipação de tutela ou da sentença em cautelar;

IV – do despacho do Presidente do Tribunal concessivo de liminar em mandado de segurança ou em ação cautelar;

V – do despacho do Presidente do Tribunal proferido em pedido de efeito suspensivo;

VI – das decisões e despachos proferidos pelo Corregedor-Geral da Justiça do Trabalho;

VII – do despacho do Relator que negar prosseguimento a recurso, ressalvada a hipótese do art. 239;

VIII – do despacho do Relator que indeferir inicial de ação de competência originária do Tribunal; e

IX – do despacho ou da decisão do Presidente do Tribunal, de Presidente de Turma, do Corregedor-Geral da Justiça do Trabalho ou Relator que causar prejuízo ao direito da parte, ressalvados aqueles contra os quais haja recursos próprios previstos na legislação ou neste Regimento.

Por ser tratar de recurso previsto no Regimento Interno dos Tribunais, e levando em conta a regra contida no princípio da fungibilidade, o TST tem determinado o processamento do agravo de instrumento, interposto equivocadamente, como agravo regimental, na forma da Orientação Jurisprudencial n. 69 da SBDI-2 do TST, que por oportuno será transcrita abaixo:

> OJ N. 69. Recurso ordinário interposto contra despacho monocrático indeferitório da petição inicial de ação rescisória ou de mandado de segurança pode, pelo princípio de fungibilidade recursal, ser recebido como agravo regimental. Hipótese de não conhecimento do recurso pelo TST e devolução dos autos ao TRT, para que aprecie o apelo como agravo regimental.

8.2. Processamento

No âmbito do Tribunal Superior do Trabalho o processamento do agravo regimental deve ser feito observando-se as regras contidas no art. 236 do Regimento Interno daquela Casa, que dispõe:

Art. 236. O agravo regimental será concluso ao prolator do despacho, que poderá reconsiderá-lo ou determinar sua inclusão em pauta visando apreciação do Colegiado competente para o julgamento da ação ou do recurso em que exarado o despacho.

§ 1º Os agravos regimentais contra ato ou decisão do Presidente do Tribunal, do Vice-Presidente e do Corregedor-Geral da Justiça do Trabalho, desde que interpostos no período do respectivo mandato, serão por eles relatados. Os agravos regimentais interpostos após o término da investidura no cargo do prolator do despacho serão conclusos ao Ministro sucessor.

§ 2º Os agravos regimentais interpostos contra despacho do Relator, na hipótese de seu afastamento temporário ou definitivo, serão conclusos, conforme o caso, ao Juiz convocado ou ao Ministro nomeado para a vaga.

§ 3º Os agravos regimentais interpostos contra despacho do Presidente do Tribunal, proferido durante o período de recesso e férias, serão julgados pelo Relator do processo principal, salvo nos casos de competência específica da Presidência da Corte.

§ 4º O acórdão do agravo regimental será lavrado pelo Relator, ainda que vencido.

A Consolidação das Leis do Trabalho no art. 709 fala no agravo regimental e a Lei n. 7.701/1988 também se reporta a julgamento de agravos regimentais em duas oportunidades; quando se refere à competência da Seção de Dissídios Individuais para, em única instância, apreciá-los – art. 3º, inciso II, alínea "a", e, última instância, alínea "f" do inciso III do mesmo artigo, contra os despachos denegatórios dos Presidentes de Turmas, em matéria de embargos.

Há quem entenda que não constituem propriamente modalidade de recurso, pelo fato de não haver oportunidade para contrarrazões ou sustentação oral, preparo, nem revisor, no entanto, é certo que o agravo regimental provoca o reexame e a revisão de decisão anterior.

Por fim, é certo que o agravante deve ter muito cuidado, pois o processamento do agravo regimental varia de acordo com o regimento interno de cada Tribunal.

8.3. O PRAZO PARA INTERPOSIÇÃO

O prazo para interposição do agravo regimental vem estabelecido nos regimentos internos dos Tribunais, sendo certo que os Tribunais Regionais não tratam de maneira uniforme a matéria. No âmbito do TST o prazo de interposição é de oito dias.

8.4. EFEITOS

O recurso de agravo regimental é recebido sempre no efeito devolutivo e a matéria nele tratada se restringe apenas ao exame do acerto ou não da decisão agravada, salvo quando se tratar de agravo regimental interposto para atacar decisão do Corregedor, cuja devolutibilidade é mais ampla, permitindo-se a revisão do ato processual proferido, quer se trate de matéria de fato, quer de direito.

9. AGRAVO INTERNO

O agravo interno é a modalidade recursal referida nos arts. 896, § 5º, e no art. 38 da Lei n. 8.038/1990 e regulamentado nos arts. 245 e 246 do Regimento Interno do Tribunal Superior do Trabalho nos seguintes termos:

> Art. 245. Caberá agravo ao Colegiado competente para o julgamento do respectivo recurso, no prazo de 8 (oito) dias, a contar da publicação no Diário da Justiça:
>
> I – da decisão do Relator tomada com base no § 5º do art. 896 da CLT;
>
> II – da decisão do Relator, dando ou negando provimento ou negando seguimento a recurso, nos termos do art. 557 e § 1º-A do CPC.
>
> Art. 246. Para o julgamento do processo observar-se-á o disposto neste Regimento.

9.1. CABIMENTO

O Agravo interno é cabível para atacar as decisões monocráticas proferidas pelo relator nas hipóteses referidas no art. 557 do CPC, § 1º, e no § 5º do art. 896 da CLT, ou seja, da decisão que denega seguimento ao recurso por entender que este é intempestivo, deserto, por falta de alçada, ilegitimidade de representação, manifestamente inadmissível, improcedente, prejudicado, ou em confronto com súmula ou jurisprudência dominante do Supremo Tribunal Federal ou do Tribunal Superior do Trabalho.

9.2. PRAZO

O Regimento Interno do Tribunal Superior do Trabalho fixou o prazo de 8 (oito) dias.

9.3. Processamento

A petição do Agravo Interno deverá ser dirigida ao relator que proferiu a decisão atacada, que poderá se retratar. Não havendo a retratação, o relator deverá apresentar o processo em mesa para julgamento do agravo pelo Órgão Colegiado que teria competência para julgar o recurso denegado, proferindo desde logo o seu voto.

Acolhido o agravo interno e provido, o recurso anteriormente inadmitido terá seguimento.

Na hipótese de o colegiado entender que o Agravo Interno é manifestamente inadmissível ou infundado, condenará o agravante na multa fixada entre 1% (um) e até 10% (dez) por cento do valor corrigido do valor da causa, ficando a interposição de qualquer outro recurso condicionada ao deposito do respectivo valor, aplicando-se por analogia a regra prevista no § 2º do art. 557 da CPC conforme expressamente admitido pelo art. 769 da CLT.

10. Agravo de petição

O Agravo de Petição é recurso previsto pela alínea *a* do art. 897 da CLT, cabível no prazo de oito dias das decisões do juiz ou Presidente, nos processos de execução.

10.1. Cabimento

Conforme dispõe a alínea *a* do art. 897 da CLT, o agravo de petição é o recurso cabível para atacar as decisões terminativas ou definitivas proferidas pelo juiz na fase de execução. Isto é, através do agravo de petição poderá a parte irresignar-se com decisão que aprecia embargos à execução do devedor ou impugnação do credor.

Há que se ressaltar que, diante da natureza de decisão interlocutória, a decisão proferida na fase de liquidação não pode ser atacada por agravo de petição, mas sim por embargos. É que, conforme entendimento já sedimentado pela doutrina trabalhista, no processo do trabalho não há autonomia da fase da liquidação, trata-se de uma fase da execução.

Não há uniformidade na doutrina a respeito do cabimento de agravo de petição da decisão que rejeita artigos de liquidação, Amauri Mascaro Nascimento entende que cabe, Manoel Antonio Teixeira Filho entende que não e sustenta que, em caso de rejeição por não estarem provados os artigos de liquidação, estes poderão ser renovados.

O Tribunal Superior do Trabalho, conforme entendimento sedimentado através da Súmula n. 266 admite a interposição de agravo de petição na liquidação de sentença, quando ficar demonstrado violação direta a Constituição Federal nos seguintes termos:

> Súmula n. 266. A admissibilidade do recurso de revista interposto de acórdão proferido em agravo de petição, na liquidação de sentença ou em processo incidente na execução, inclusive os embargos de terceiro, depende de demonstração inequívoca de violência direta à Constituição Federal.

Também há que se deixar certo que o agravo de petição não é o recurso cabível para atacar a decisão de caráter interlocutório que denega o pedido de exceção de pré-executividade. Mas, diante da natureza de decisão definitiva, é admitido o recurso, em face da decisão que aceita a exceção de pré-executividade e extingue a execução.

Importante mencionar que José Augusto Rodrigues Pinto sustenta o cabimento do agravo de petição das decisões interlocutórias mistas, como no caso que julga não provados os artigos de liquidação.

10.2. Prazo de interposição

Por se tratar de recurso, deve ser interposto no prazo de **oito dias** contados a partir da data em que a parte é cientificada da sentença proferida em embargos à execução.

10.3. Pressuposto processual intrínseco

Dispõe o § 1º do art. 897 que o agravo de petição só será recebido quando o agravante delimitar e justificar os valores impugnados, permitindo a execução da parte remanescente incontroversa da sentença. Nesse sentido, o entendimento do TST objeto da Súmula n. 416, *in verbis*:

Súmula n. 416. Devendo o agravo de petição delimitar justificadamente a matéria e os valores objeto de discordância, não fere direito líquido e certo o prosseguimento da execução quanto aos tópicos e valores não especificados no agravo. (ex-OJ n. 55 – inserida em 20.9.2000)

Tem-se, portanto, que a delimitação da matéria é pressuposto de admissibilidade do recurso por parte do devedor e, se não for observado, o recurso não será processado.

Em doutrina encontramos entendimentos de que se for o credor que estiver interpondo o agravo de petição não é necessário delimitar a matéria, uma vez que a delimitação visa tutelar interesse do credor, em nome do qual se processa toda a execução. Também sustentam que não há essa exigência quando se trata de terceiro, uma vez que este não pretende discutir o valor devido na execução, mas sim a lega-lidade ou não do ato judicial de penhora de bem que alega ser de sua propriedade, ou que se encontrava em sua posse legítima.

10.4. Preparo

Não há necessidade do pagamento do depósito prévio para a interposição do agravo de petição, uma vez que este ataca a decisão proferida em embargos de execução o qual tem sua admissibilidade condicionada à realização de penhora de bens (Súmula n. 128 do TST, II):

Súmula n. 128.

I – (...)

I – (...)

II – Garantido o juízo, na fase executória, a exigência de depósito para recorrer de qualquer decisão viola os incisos II e LV do art. 5º da CF/1988. Havendo, porém, elevação do valor do débito, exige-se a complementação da garantia do juízo. (ex-OJ n. 189 – Inserida em 8.11.2000)

Também no que se refere ao pagamento de custas deve ser observado que conforme dispõe o art. 789-A da CLT, as custas na fase de execução serão de responsabilidade do executado e pagas no final, ou seja depois de terminado o processo.

10.5. Efeito

Conforme dispõe o art. 899 da CLT, o agravo de petição é recebido sempre no efeito devolutivo, restrito aos valores impugnados pelo agravante, pois a parte incontroversa da decisão será executada em caráter definitivo. Por se tratar de recurso de natureza ordinária, o agravo de petição possui efeito translativo também, permitindo ao tribunal examinar de ofício as questões de ordem pública não sujeitas a preclusão.

10.6. Processamento

O agravo de petição deve ser interposto no prazo de 8 dias contados da ciência da decisão impugnada, através de petição endereçada ao juiz prolator da decisão recorrida, que irá analisar se estão presentes os pressupostos de admissibilidade recursal. Admitido o recurso, será aberto prazo para a parte contrária apresentar contrarrazões; em seguida, os autos serão remetidos ao Tribunal para julgamento, sendo certo que o processamento do recurso de agravo de petição no TRT corresponde, em linhas gerais, ao previsto para o recurso ordinário.

11. Reclamação correcional – correição parcial

A correição pode ser **geral ou ordinária**, assim entendida aquela que é realizada uma vez por ano nas varas ou nos tribunais, **extraordinária**, que é feita sempre que o corregedor entender necessário, e **parcial**, quando o corregedor toma conhecimento de ocorrências particulares, denunciadas pela parte prejudicada.

A correição parcial vem prevista no art. 709 da CLT, que dispõe:

Art. 709. Compete ao Corregedor, eleito dentre os Ministros togados do Tribunal Superior do Trabalho:

I – exercer funções de inspeção e correição permanente com relação aos Tribunais Regionais e seus Presidentes;

II – decidir reclamações contra os atos atentatórios da boa ordem processual praticados pelos Tribunais Regionais e seus Presidentes, quando inexistir recurso específico;

III – Revogado pela Lei n. 5.442, de 24.5.1968, DOU 28.5.1968.

§ 1º Das decisões proferidas pelo Corregedor, nos casos do artigo, caberá o agravo regimental, para o Tribunal Pleno.

Assim, sempre que a parte se encontrar na iminência de sofrer prejuízo em decorrência de decisão judicial que implique ato atentatório, tumultuado, que vulnere a boa ordem processual, e desde que não exista um remédio específico para sanar o prejuízo provocado pelo julgador, poderá interpor a correição parcial, também denominada reclamação correcional.

11.1. Cabimento

Dispõe o art. 709, inciso II, que cabe ao Juiz Corregedor decidir reclamações contra atos atentatórios da boa ordem processual praticados pelos Tribunais Regionais e seus Presidentes quando inexistir recurso específico.

Tem-se que o cabimento da correição parcial se subordina aos seguintes pressupostos: a) ato atentatório à boa ordem processual, sendo certo também que a lei não relaciona quais são esses atos, e nesse vazio deverá prevalecer sempre o bom senso da parte, e do juiz corregedor; b) não há recurso cabível para atacar o ato impugnado; c) existência de prejuízo para a parte em decorrência do ato praticado pelo juiz. É certo, no entanto, que sempre que existir recurso cabível para atacar o ato impugnado não caberá correição.

11.2. Natureza jurídica

Parte da doutrina nega a correição parcial à natureza recursal, afirmando tratar-se de mero procedimento administrativo, que tem por fim coibir procedimentos do juiz atentatórios à boa ordem processual; outros, no entanto, atribuem à correição parcial natureza recursal *sui generis* de origem clandestina, visto que não está prevista na lei como recurso, mas que tem por fim a reforma do ato judicial.

11.3. Prazo para interposição

O prazo para interposição da Correição parcial vem fixado nos regimentos internos dos Tribunais, que geralmente fixam em 5 dias contados a partir da publicação do ato ou da ciência pela parte dos fatos relativos à impugnação.

11.4. Processamento

A correição parcial é instituto que tem a sua regulamentação prevista nos Regimentos Internos dos Tribunais, que estabelecem pressupostos e requisitos para sua admissibilidade.

Em regra, a petição inicial é dirigida ao Juiz Corregedor, sendo que a apresentação de correição não suspende o andamento do processo principal. Autuada, será enviada cópia à autoridade para manifestação no prazo de dez dias, prestando as informações necessárias. A petição inicial será indeferida pelo Corregedor sempre que se verificar não ser caso de correição, ou se a petição for inepta. Após as informações, o corregedor deverá decidir no prazo de dez dias, sendo o julgamento realizado pelo juiz monocrático e não colegiado. Das decisões proferidas pelo Corregedor caberá **Agravo Regimental** e desta decisão não haverá mais recurso.

12. Recurso extraordinário trabalhista

O recurso extraordinário é o recurso destinado ao controle da constitucionalidade das decisões proferidas pelo Judiciário e, por essa razão, as causas trabalhistas poderão vir a ser discutidas no Supremo Tribunal Federal, em grau de recurso extraordinário, sempre que estiver em jogo a possibilidade de ofensa à Constituição Federal por decisão oriunda da Justiça do Trabalho pelo Tribunal Superior do Trabalho.

12.1. Cabimento

De acordo com a regra contida no art. 102, III, da Constituição Federal, poderá ser interposto o recurso extraordinário no prazo de 15 dias, das decisões proferidas pelo TST, em única ou última instância, quando a decisão:

a) contrariar o disposto na Constituição Federal;

b) declarar a inconstitucionalidade de tratado ou lei federal;

c) julgar válida a lei ou o ato de governo local contestado em face da Constituição Federal;

d) julgar válida a lei local contestada em face da lei federal.

Assim, no processo do trabalho, o recurso extraordinário é cabível para atacar as decisões de última instância que violarem direta e literalmente a norma da Constituição Federal; ou declararem a inconstitucionalidade de tratado ou lei federal, ou que julgarem válida lei ou ato de governo local contestado em face da Constituição Federal.

A doutrina e a jurisprudência trabalhista têm entendido que não cabe recurso extraordinário das decisões da Justiça do Trabalho que julgar válida a lei local contestada em face da lei federal em vista do disposto na Súmula n. 505 do STF que assim dispõe:

> Súmula n. 505. Salvo quando contrariarem a Constituição, não cabe recurso para o Supremo Tribunal Federal, de quaisquer decisões da Justiça do Trabalho, inclusive dos presidentes de seus tribunais.

Não encontramos uniformidade de entendimentos, se o recurso extraordinário pode ser manejado para atacar as decisões proferidas nas ações de alçada (§ 4º do art. 2º da Lei n. 5.584/1970) que violarem direta e literalmente a Constituição Federal. Aqueles que afirmam a sua admissibilidade fundamentam seu entendimento na Súmula n. 640 do STF, que dispõe ser cabível o recurso extraordinário para atacar decisões proferidas por juiz de primeiro grau nas ações de alçada, ou por turma recursal. Outros, no entanto, afirmam que o recurso cabível seria o recurso ordinário.

12.2. Pressupostos de admissibilidade

O recurso extraordinário, assim como os recursos extraordinários trabalhistas (recurso de revista e embargos), submete-se a duplo juízo de admissibilidade. O primeiro é feito pelo Presidente do Tribunal Superior do Trabalho no juízo *a quo* e o outro no juízo *ad quem*.

Trata-se de recurso que deve preencher todos os pressupostos recursais objetivos e subjetivos genéricos e também os pressupostos específicos desta modalidade recursal, tais como: a) deve se tratar de decisão de última instância proferida com violação a matéria constitucional; b) demonstrar a repercussão geral das questões constitucionais discutidas no caso, a fim de que o Tribunal examine a admissão do recurso, somente podendo recusá-lo pela manifestação de dois terços de seus membros; c) prequestionamento.

12.3. Efeitos

O recurso extraordinário possui efeito meramente devolutivo, restrito a matéria de natureza constitucional, devidamente prequestionada e que tenha repercussão geral.

Por outro lado, conforme disposto no § 2º do art. 893 da CLT, a interposição de recurso para o Supremo Tribunal Federal não prejudicará a execução do julgado. No âmbito do TST, a matéria está sedimentada na OJ n. 56 da SBDI-2 da seguinte forma:

> OJ N. 56. Não há direito líquido e certo à execução definitiva na pendência de recurso extraordinário, ou de agravo de instrumento visando a destrancá-lo (Orientação Jurisprudencial n. 56 da SDI-2 do TST), sendo a execução, portanto, provisória.

12.4. Processamento

O recurso extraordinário deve ser interposto no prazo de 15 dias (art. 508 do CPC), perante o Presidente ou o Vice-Presidente do Tribunal recorrido, em petição da qual deve constar:

a) a exposição do fato e do direito;

b) a demonstração do cabimento do recurso;

c) as razões do pedido de reforma da decisão recorrida (art. 541 do CPC);

d) a demonstração da repercussão geral das questões constitucionais discutidas no caso, nos termos da lei, a fim de que o STF examine a admissão do recurso, somente podendo recusá-lo pela manifestação de dois terços de seus membros (art. 102, § 3º, da Constituição Federal).

Recebida a petição pela Secretaria do Tribunal, será intimado o recorrido para apresentar contrarrazões (art. 542 do CPC).

Findo o prazo de contrarrazões, serão os autos conclusos para admissão ou não do recurso (exame de admissibilidade do recurso) no prazo de 10 dias, em decisão fundamentada (art. 542 do CPC). Admitido o recurso, os autos serão remetidos ao Supremo Tribunal Federal. Não admitido o recurso extraordinário, caberá agravo de instrumento para o Supremo Tribunal Federal (art. 544 do CPC).

13. Reclamação constitucional a súmula vinculante

Com o objetivo de diminuir o número de recursos, criou-se, com a EC n. 45, a possibilidade de ser editada súmula pelo STF, de observância obrigatória para todo o Poder Judiciário e também para administração pública de todos os entes federados. Dispõe a Carta Política:

Art. 103-B. O Supremo Tribunal Federal poderá, de ofício ou por provocação, mediante decisão de dois terços dos seus membros, após reiteradas decisões sobre matéria constitucional, aprovar súmula que, a partir de sua publicação na imprensa oficial, **terá efeito vinculante em relação aos demais órgãos do Poder Judiciário e à administração** pública direta e indireta, nas esferas federal, estadual e municipal, bem como proceder à sua revisão ou cancelamento, na forma estabelecida em lei.

§ 1º A súmula terá por objetivo a validade, a interpretação e a eficácia de normas determinadas, acerca das quais haja controvérsia atual entre órgãos judiciários ou entre esses e a administração pública que acarrete grave insegurança jurídica e relevante multiplicação de processos sobre questão idêntica.

§ 2º Sem prejuízo do que vier a ser estabelecido em lei, a aprovação, revisão ou cancelamento de súmula poderá ser provocada por aqueles que podem propor a ação direta de inconstitucionalidade.

§ 3º Do ato administrativo ou decisão judicial que contrariar a súmula aplicável ou que indevidamente a aplicar, caberá *reclamação* ao Supremo Tribunal Federal que, julgando-a procedente, anulará o ato administrativo ou cassará a decisão judicial reclamada, e determinará que outra seja proferida com ou sem a aplicação da súmula, conforme o caso.

13.1. CABIMENTO

A reclamação constitucional é um instituto de natureza constitucional que tem por finalidade preservar a competência do Supremo Tribunal Federal ou a garantia da autoridade de suas decisões.

Conforme entendimento já sedimentado pelo STF, não cabe reclamação constitucional para atacar decisão que violar súmula do STF destituída de efeito vinculante.

13.2. RECLAMAÇÃO NO TST

No âmbito do Tribunal Superior do Trabalho, a reclamação vem prevista nos arts. 190 a 194 do Regimento Interno daquele Tribunal, como medida destinada à preservação da competência do Tribunal ou à garantia da autoridade de suas decisões, quer sejam proferidas pelo Pleno, quer pelos órgãos fracionários, por oportuno transcrevemos abaixo os mencionados dispositivos:

Art. 190. A reclamação é a medida destinada à preservação da competência do Tribunal ou à garantia da autoridade de suas decisões, quer sejam proferidas pelo Pleno, quer pelos órgãos fracionários.

§ 1º Não desafia a autoridade da decisão a que for proferida em relação processual distinta daquela que se pretenda ver preservada.

§ 2º Estão legitimados para a reclamação a parte interessada ou o Ministério Público do Trabalho.

§ 3º Compete ao Pleno processar e julgar a reclamação.

§ 4º Oficiará no feito o Ministério Público do Trabalho, como *custos legis*, salvo se figurar como reclamante.

Art. 191. A reclamação, dirigida ao Presidente do Tribunal e instruída com prova documental, será autuada e distribuída, sempre que possível, ao Relator da causa principal.

Art. 192. Ao despachar a inicial, incumbe ao Relator:

I – requisitar informações da autoridade a quem for atribuída a prática do ato impugnado, para que as apresente no prazo de 10 (dez) dias; e

II – ordenar liminarmente, se houver risco de dano irreparável, a suspensão do processo ou do ato impugnado.

Parágrafo único. Decorrido o prazo para informações, o Ministério Público terá vista dos autos por 8 (oito) dias, salvo se figurar como reclamante.

Art. 193. À reclamação poderá opor-se, fundamentadamente, qualquer interessado.

Art. 194. Julgada procedente a reclamação, o Tribunal Pleno cassará a deliberação afrontosa à decisão do Tribunal Superior do Trabalho ou determinará medida adequada à preservação da sua competência.

14. Pedido de revisão do valor da causa

O pedido de revisão é recurso pelo qual, em dissídio individual trabalhista de conhecimento, a parte inconformada com a rejeição de sua impugnação ao valor dado à causa, na inicial ou por arbitramento do juízo, para regular a recorribilidade, ou não, da sentença a ser proferida, pede ao Presidente do respectivo Tribunal Regional, que o reveja, caso o próprio juízo de 1º grau não reconsidere seu ato de fixação.

14.1. Cabimento

O pedido de revisão do valor da causa vem previsto no art. 2º da Lei n. 5.584/1970, que dispõe:

> Art. 2º Nos dissídios individuais, proposta a conciliação, e não havendo acordo, o Presidente, da Junta ou o Juiz, antes de passar à instrução da causa, fixar-lhe-á o valor para a determinação da alçada, se este for indeterminado no pedido.
>
> § 1º Em audiência, ao aduzir razões finais, poderá qualquer das partes, impugnar o valor fixado e, se o Juiz o mantiver, pedir revisão da decisão, no prazo de 48 (quarenta e oito) horas, ao Presidente do Tribunal Regional.
>
> § 2º O pedido de revisão, que não terá efeito suspensivo deverá ser instruído com a petição inicial e a Ata da Audiência, em cópia autenticada pela Secretaria da Junta, e será julgado em 48 (quarenta e oito) horas, a partir do seu recebimento pelo Presidente do Tribunal Regional.
>
> § 3º Quando o valor fixado para a causa, na forma deste artigo, não exceder de 2 (duas) vezes o salário mínimo vigente na sede do Juízo, será dispensável o resumo dos depoimentos, devendo constar da Ata a conclusão da Junta quanto à matéria de fato.
>
> § 4º Salvo se versarem sobre matéria constitucional, nenhum recurso caberá das sentenças proferidas nos dissídios da alçada a que se refere o parágrafo anterior, considerado, para esse fim, o valor do salário mínimo à data do ajuizamento da ação.

14.2. Natureza jurídica

Não encontramos uniformidade da doutrina ao tratar da natureza jurídica do pedido de revisão. Para parte da doutrina, trata-se de recurso, uma vez que ataca decisão tipicamente interlocutória proferida no curso do processo. Afirmam que esse recurso tem natureza jurídica de agravo (afronta) à decisão interlocutória (que resolve incidente processual sem afetar o mérito da lide). Na verdade, ele é uma modalidade extremamente simplificada de Agravo de Instrumento, processa-se em autos apartados dos da ação e comporta juízo de retratação que, uma vez exercido, é abortivo do próprio recurso. Também há quem afirme que a existência desse recurso é uma exceção ao princípio da irrecorribilidade das decisões interlocutórias.

14.3. Efeito

O efeito de seu recebimento é simplesmente devolutivo conforme a regra geral do art. 893, § 1º, da CLT, e também em vista da formação do instrumento que deve ser implementada exatamente para permitir o livre curso da ação durante o período de tramitação do recurso. Por outro lado, há que se ressaltar que a devolutibilidade é bastante restrita, na medida em que o juízo *ad quem* deverá apenas analisar o acerto ou não da decisão que fixou o valor da causa no processo.

14.4. Pressuposto de admissibilidade específico

A admissibilidade deste recurso exige do recorrente a juntada obrigatória de documentos, bastante clara na exigência legal de "ser instruído com a cópia da inicial e a Ata da Audiência, em cópia autenticada pela Secretaria da Junta" (hoje, Vara), Lei n. 5.584/1970, art. 2º, § 2º.

14.5. Tempestividade

Quanto à tempestividade, a Lei n. 5.584/1970 fixou para o Pedido de Revisão de Valor de Alçada o prazo de 48 (quarenta e oito) horas da ciência da decisão que tiver rejeitado a impugnação apresentada nas razões finais (art. 2º, § 1º).

14.6. Juízo de retratação e competência para julgamento

O Pedido de Revisão permite ao juízo prolator da decisão que o indeferiu retratar-se, atendendo-o. Se o fizer, fica prejudicado o recurso por perda de objeto, porém dá margem a que outro, da mesma natureza, seja interposto pela parte que se tornar desfavorecida, nas quarenta e oito horas seguintes à intimação da interlocutória, que reconsiderou a primitiva determinação do valor da causa.

Não havendo a retratação, a competência para o julgamento do recurso não é do Tribunal, mas singularmente de seu presidente (Lei n. 5.584/1970, art. 2º, § 2º) também em 48 (quarente e oito) horas. Desse julgamento não cabe nenhum outro recurso, de modo que ele é extintivo do incidente, só restando a comunicação ao juízo inferior para cumprimento, com a baixa do instrumento do agravo para ser arquivado.

14.7. Processamento

Trata-se de recurso que deverá ser apresentado nas quarenta e oito horas seguintes à ciência da decisão que tiver indeferido a impugnação do valor de alçada, com a juntada obrigatória de cópia autenticada da petição inicial e da ata da audiência. Em seguida será procedido a formação do instrumento, remetendo-se ao juiz prolator da decisão para eventual retratação ou remessa ao Presidente do Tribunal Regional com sustentação opcional da decisão agravada. No Tribunal o recurso será submetido a julgamento, em quarenta e oito horas, pelo presidente do Tribunal Regional e após será procedida a baixa do instrumento de agravo para certificação nos autos da ação, que prosseguirá, e arquivamento.

15. Recursos interpostos de sentença normativa

O duplo grau de jurisdição quando se trata de sentença normativa é admitido somente em caráter excepcional. Das decisões proferidas em dissídio coletivo são admitidos apenas: **a) embargos de declaração**; **b) recurso ordinário** para o TST conforme Lei n. 7.701/1988, art. 2º, inciso II, e art. 895, letra "b"; **c) Recurso Adesivo; d) Embargos Infringentes** contra decisões coletivas originárias do TST não unânimes e que não estejam em consonância com os Precedentes Normativos do TST ou de Súmula de jurisprudência pacificada do TST; **e) Agravo de Instrumento** das decisões que denegarem o processamento de qualquer recurso cabível; **f) Agravo Regimental**, nos termos do Regimento interno dos Tribunais.

A Sentença que homologa acordo no Dissídio Coletivo – trata-se de sentença irrecorrível pelas partes, só o Ministério Público do trabalho detém legitimidade para interpor recurso, quando seus termos atentarem contra preceitos de ordem pública; a parte só tem legitimidade para recorrer quando o Tribunal não homologou todas as suas cláusulas.

15.1. Preparo

Considerando a natureza jurídica do depósito recursal que é de garantia do juízo na execução, e considerando também a natureza jurídica da sentença normativa (declaratória ou constitutiva, nunca condenatória), o TST através de Instrução Normativa deixou certo que não é exigido depósito recursal para o recurso ordinário interposto em Dissídio Coletivo, somente é exigido o pagamento de custas processuais, conforme dispõe o § 4º do acordo art. 789 da CLT "as partes vencidas responderão solidariamente pelo pagamento das custas processuais".

Capítulo III

Legislação

Consolidação das Leis do Trabalho

Seção III
Das Custas e Emolumentos

(Redação conferida à Seção III pela Lei n. 10.537/2002, publicada no DOU de 28.8.2002)

Art. 789. Nos dissídios individuais e nos dissídios coletivos do trabalho, nas ações e procedimentos de competência da Justiça do Trabalho, bem como nas demandas propostas perante a Justiça Estadual, no exercício da jurisdição trabalhista, as custas relativas ao processo de conhecimento incidirão à base de 2% (dois por cento), observado o mínimo de R$ 10,64 (dez reais e sessenta e quatro centavos) e serão calculadas:

I – quando houver acordo ou condenação, sobre o respectivo valor;

II – quando houver extinção do processo, sem julgamento do mérito, ou julgado totalmente improcedente o pedido, sobre o valor da causa;

III – no caso de procedência do pedido formulado em ação declaratória e em ação constitutiva, sobre o valor da causa;

IV – quando o valor for indeterminado, sobre o que o juiz fixar.

§ 1º As custas serão pagas pelo vencido, após o trânsito em julgado da decisão. No caso de recurso, as custas serão pagas e comprovado o recolhimento dentro do prazo recursal.

§ 2º Não sendo líquida a condenação, o juízo arbitrar-lhe-á o valor e fixará o montante das custas processuais.

§ 3º Sempre que houver acordo, se de outra forma não for convencionado, o pagamento das custas caberá em partes iguais aos litigantes.

§ 4º Nos dissídios coletivos, as partes vencidas responderão solidariamente pelo pagamento das custas, calculadas sobre o valor arbitrado na decisão, ou pelo Presidente do Tribunal. (NR)

Art. 789-A. No processo de execução são devidas custas, sempre de responsabilidade do executado e pagas ao final, de conformidade com a seguinte tabela:

I – autos de arrematação, de adjudicação e de remição: 5% (cinco por cento) sobre o respectivo valor, até o máximo de R$ 1.915,38 (um mil, novecentos e quinze reais e trinta e oito centavos);

II – atos dos oficiais de justiça, por diligência certificada:

a) em zona urbana: R$ 11,06 (onze reais e seis centavos);

b) em zona rural: R$ 22,13 (vinte e dois reais e treze centavos);

III – agravo de instrumento: R$ 44,26 (quarenta e quatro reais e vinte e seis centavos);

IV – agravo de petição: R$ 44,26 (quarenta e quatro reais e vinte e seis centavos);

V – embargos à execução, embargos de terceiro e embargos à arrematação: R$ 44,26 (quarenta e quatro reais e vinte e seis centavos);

VI – recurso de revista: R$ 55,35 (cinquenta e cinco reais e trinta e cinco centavos);

VII – impugnação à sentença de liquidação: R$ 55,35 (cinquenta e cinco reais e trinta e cinco centavos);

VIII – despesa de armazenagem em depósito judicial – por dia: 0,1% (um décimo por cento) do valor da avaliação;

IX – cálculos de liquidação realizados pelo contador do juízo – sobre o valor liquidado: 0,5% (cinco décimos por cento) até o limite de R$ 638,46 (seiscentos e trinta e oito reais e quarenta e seis centavos).

Art. 789-B. Os emolumentos serão suportados pelo Requerente, nos valores fixados na seguinte tabela:

I – autenticação de traslado de peças mediante cópia reprográfica apresentada pelas partes – por folha: R$ 0,55 (cinquenta e cinco centavos de real);

II – fotocópia de peças – por folha: R$ 0,28 (vinte e oito centavos de real);

III – autenticação de peças – por folha: R$ 0,55 (cinquenta e cinco centavos de real);

IV – cartas de sentença, de adjudicação, de remição e de arrematação – por folha: R$ 0,55 (cinquenta e cinco centavos de real);

V – certidões – por folha: R$ 5,53 (cinco reais e cinquenta e três centavos).

Art. 790. Nas Varas do Trabalho, nos Juízos de Direito, nos Tribunais e no Tribunal Superior do Trabalho, a forma de pagamento das custas e emolumentos obedecerá às instruções que serão expedidas pelo Tribunal Superior do Trabalho.

§ 1º Tratando-se de empregado que não tenha obtido o benefício da justiça gratuita, ou isenção de custas, o sindicato que houver intervindo no processo responderá solidariamente pelo pagamento das custas devidas.

§ 2º No caso de não pagamento das custas, far-se-á execução da respectiva importância, segundo o procedimento estabelecido no Capítulo V deste Título.

§ 3º É facultado aos juízes, órgãos julgadores e presidentes dos tribunais do trabalho de qualquer instância conceder, a requerimento ou de ofício, o benefício da justiça gratuita, inclusive quanto a traslados e instrumentos, àqueles que perceberem salário igual ou inferior ao dobro do mínimo legal, ou declararem, sob as penas da lei, que não estão em condições de pagar as custas do processo sem prejuízo do sustento próprio ou de sua família. (NR)

Art. 790-A. São isentos do pagamento de custas, além dos beneficiários de justiça gratuita:

I – a União, os Estados, o Distrito Federal, os Municípios e respectivas autarquias e fundações públicas federais, estaduais ou municipais que não explorem atividade econômica;

II – o Ministério Público do Trabalho.

Parágrafo único. A isenção prevista neste artigo não alcança as entidades fiscalizadoras do exercício profissional, nem exime as pessoas jurídicas referidas no inciso I da obrigação de reembolsar as despesas judiciais realizadas pela parte vencedora.

Art. 790-B. A responsabilidade pelo pagamento dos honorários periciais é da parte sucumbente na pretensão objeto da perícia, salvo se beneficiária de justiça gratuita.

Texto anterior: **Art.789.** Nos dissídios individuais ou coletivos do trabalho, até o julgamento, as custas serão calculadas progressivamente, de acordo com a seguinte tabela: **I** – até uma vez o valor de referência regional, 10% (dez por cento); **II** – acima do limite do item I até 2 (duas) vezes o valor de referência regional, 8% (oito por cento); **III** – acima de 2 (duas) e até 5 (cinco) vezes o valor de referência regional, 6% (seis por cento); **IV** – acima de 5 (cinco) e até 10 (dez) vezes o valor de referência regional, 4% (quatro por cento); **V** – acima de 10 (dez) vezes o valor de referência regional, 2% (dois por cento). § 1º Nas Juntas, nos Tribunais Regionais e no Tribunal Superior do Trabalho, o pagamento das custas será feito na forma das instruções expedidas pelo Tribunal Superior do Trabalho. Nos Juízos de Direito a importância das custas será dividida proporcionalmente entre o juiz e os funcionários que tiverem funcionado no feito, excetuados os distribuidores, cujas custas serão pagas no ato de acordo com o regimento local. Obs.: O inciso II do parágrafo único do art. 95 veda aos juízes o recebimento ou a participação em custas do processo. Aliás, o STF já declarou inconstitucional a referência ao juiz, feita neste parágrafo. **§ 2º** A divisão a que se refere o § 1º, as custas de execução e os emolumentos de traslados e instrumentos serão determinados em tabelas expedidas pelo Tribunal Superior do Trabalho. **§ 3º** As custas serão calculadas: **a)** quando houver acordo ou condenação, sobre o respectivo valor; **b)** quando houver desistência ou arquivamento, sobre o valor do pedido; **c)** quando o valor for indeterminado, sobre o que o juiz presidente ou o juiz fixar; **d)** no caso de inquérito, sobre 6 (seis) vezes o salário mensal do reclamado ou dos reclamados. **§ 4º** As custas serão pagas pelo vencido, depois de transitada em julgado a decisão ou, no caso de recurso, dentro de 5 (cinco) dias da data de sua interposição, sob pena de deserção, salvo quando se tratar de inquérito, caso em que o pagamento das custas competirá à empresa, antes de seu julgamento pela Junta ou Juízo de Direito. **§ 5º** Os emolumentos de traslados e instrumentos serão pagos dentro de 48 (quarenta e oito) horas após a sua extração, feito, contudo, no ato do requerimento, o depósito prévio do valor estimado pelo funcionário encarregado, sujeito à complementação, com ciência da parte, sob pena de deserção. **§ 6º** Sempre que houver acordo, se de outra forma não for convencionado, o pagamento das custas caberá em partes iguais aos litigantes. **§ 7º** Tratando-se de empregado sindicalizado que não tenha obtido o benefício da justiça gratuita, ou isenção de custas, o sindicato que houver intervindo no processo responderá solidariamente pelo pagamento das custas devidas. **§ 8º** No caso de não pagamento das custas, far-se-á a execução da respectiva importância, segundo o processo estabelecido no Capítulo V deste Título. **§ 9º** É facultado aos presidentes dos Tribunais do Trabalho conceder, de ofício, o benefício da justiça gratuita, inclusive quanto a traslados e instrumentos, àqueles que perceberem salário igual ou inferior ao dobro do mínimo legal, ou provarem o seu estado de miserabilidade. **§ 10.** O sindicato da categoria profissional prestará assistência judiciária gratuita ao trabalhador desempregado ou que perceber salário inferior a cinco salários mínimos ou que declare, sob responsabilidade, não possuir em razão dos encargos próprios e familiares, condições econômicas de prover à demanda. (Parágrafo acrescentado pela **Lei n. 10.288, de 20.9.2001**, DOU 21.9.2001). **Art. 790.** Nos casos de dissídios coletivos, as partes vencidas responderão solidariamente pelo pagamento das custas, calculadas sobre o valor arbitrado pelo presidente do Tribunal.

Dos Recursos

Art. 893. Das decisões são admissíveis os seguintes recursos:

I – embargos;

II – recurso ordinário;

III – recurso de revista;

IV – agravo.

§ 1º Os incidentes do processo são resolvidos pelo próprio Juízo ou Tribunal, admitindo-se a apreciação do merecimento das decisões interlocutórias somente em recursos da decisão definitiva.

§ 2º A interposição de recurso para o Supremo Tribunal Federal não prejudicará a execução do julgado.

Art. 894. Cabem embargos, no Tribunal Superior do Trabalho, para o Pleno, no prazo de 8 (oito) dias a contar da publicação da conclusão do acórdão:

a) das decisões a que se referem as alíneas "b" e "c" do inciso I do art. 702;

b) das decisões das Turmas contrárias à letra de lei federal, ou que divergirem entre si, ou da decisão proferida pelo Tribunal Pleno, salvo se a decisão recorrida estiver em consonância com súmula de jurisprudência uniforme do Tribunal Superior do Trabalho.

Parágrafo único. Enquanto não forem nomeados e empossados os titulares dos novos cargos de juiz, criados nesta Lei e instaladas as Turmas, fica mantida a competência residual de cada Tribunal na sua atual composição e de seus presidentes, como definido na legislação vigente.

OBS.: Nova Redação do art. 894: No Tribunal Superior do Trabalho cabem embargos, no prazo de 8 (oito) dias: I – de decisão não unânime de julgamento que: a) conciliar, julgar ou homologar conciliação em dissídios coletivos que excedam a competência territorial dos Tribunais Regionais do Trabalho e estender ou rever as sentenças normativas do Tribunal Superior do Trabalho, nos casos previstos em lei; e b) (VETADO) II – das decisões das Turmas que divergirem entre si, ou das decisões proferidas pela Seção de Dissídios Individuais, salvo se a decisão recorrida estiver em consonância com súmula ou orientação jurisprudencial do Tribunal Superior do Trabalho ou do Supremo Tribunal Federal. Parágrafo único. (Revogado). (Nova redação dada pela Lei n. 11.496/2007, que entrará em vigor 90 dias após a publicação, ocorrida no DJ de 25.6.2007)

Art. 895. Cabe recurso ordinário para a instância superior:

a) das decisões definitivas das Juntas e Juízos no prazo de 8 (oito) dias;

b) das decisões definitivas dos Tribunais Regionais, em processos de sua competência originária, no prazo de 8 (oito) dias, quer nos dissídios individuais, quer nos dissídios coletivos.

§ 1º Nas reclamações sujeitas ao procedimento sumaríssimo, o recurso ordinário: (parágrafo acrescentado pela **Lei n. 9.957**, de 12.1.2000, DOU 13.1.2000)

I – (VETADO)

II – será imediatamente distribuído, uma vez recebido no Tribunal, devendo o relator liberá-lo no prazo máximo de dez dias, e a Secretaria do

Tribunal ou Turma colocá-lo imediatamente em pauta para julgamento, sem revisor;

III – terá parecer oral do representante do Ministério Público presente à sessão de julgamento, se este entender necessário o parecer, com registro na certidão;

IV – terá acórdão consistente unicamente na certidão de julgamento, com a indicação suficiente do processo e parte dispositiva, e das razões de decidir do voto prevalente. Se a sentença for confirmada pelos próprios fundamentos, a certidão de julgamento, registrando tal circunstância, servirá de acórdão.

§ 2º Os Tribunais Regionais, divididos em Turmas, poderão designar Turma para o julgamento dos recursos ordinários interpostos das sentenças prolatadas nas demandas sujeitas ao procedimento sumaríssimo. (parágrafo acrescentado pela **Lei n. 9.957**, de 12.1.2000, DOU 13.1.2000)

Art. 896. Cabe Recurso de Revista para Turma do Tribunal Superior do Trabalho das decisões proferidas em grau de recurso ordinário, em dissídio individual, pelos Tribunais Regionais do Trabalho, quando: (alterado pela **Lei n. 9.756**, de 17.12.1998, DOU 18.12.1998)

a) derem ao mesmo dispositivo de lei federal interpretação diversa da que lhe houver dado outro Tribunal Regional, no seu Pleno ou Turma, ou a Seção de Dissídios Individuais do Tribunal Superior do Trabalho, ou a Súmula de Jurisprudência Uniforme dessa Corte;

b) derem ao mesmo dispositivo de lei estadual, Convenção Coletiva de Trabalho, Acordo Coletivo, sentença normativa ou regulamento empresarial de observância obrigatória em área territorial que exceda a jurisdição do Tribunal Regional prolator da decisão recorrida, interpretação divergente, na forma da alínea "a";

c) proferidas com violação literal de disposição de lei federal ou afronta direta e literal à Constituição Federal.

§ 1º O Recurso de Revista, dotado de efeito apenas devolutivo, será apresentado ao Presidente do Tribunal recorrido, que poderá recebê-lo ou denegá-lo, fundamentando, em qualquer caso, a decisão. (alterado pela **Lei n. 9.756**, de 17.12.1998, DOU 18.12.1998)

§ 2º Das decisões proferidas pelos Tribunais Regionais do Trabalho ou por suas Turmas, em execução de sentença, inclusive em processo incidente de embargos de terceiro, não caberá Recurso de Revista, salvo na hipótese de ofensa direta e literal de norma da Constituição Federal. (alterado pela **Lei n. 9.756**, de 17.12.1998, DOU 18.12.1998)

§ 3º Os Tribunais Regionais do Trabalho procederão, obrigatoriamente, à uniformização de sua jurisprudência, nos termos do Livro I, Título IX, Capítulo I do CPC, não servindo a súmula respectiva para ensejar a admissibilidade do Recurso de Revista quando contrariar Súmula da Jurisprudência Uniforme do Tribunal Superior do Trabalho. (alterado pela **Lei n. 9.756**, de 17.12.1998, DOU 18.12.1998)

§ 4º A divergência apta a ensejar o Recurso de Revista deve ser atual, não se considerando como tal a ultrapassada por súmula, ou superada por iterativa e notória jurisprudência do Tribunal Superior do Trabalho. (alterado pela **Lei n. 9.756**, de 17.12.1998, DOU 18.12.1998)

§ 5º Estando a decisão recorrida em consonância com enunciado da Súmula da Jurisprudência do Tribunal Superior do Trabalho, poderá o Ministro Relator, indicando-o, negar seguimento ao Recurso de Revista, aos Embargos, ou ao Agravo de Instrumento. Será denegado seguimento ao Recurso nas hipóteses de intempestividade, deserção, falta de alçada e ilegitimidade de representação, cabendo a interposição de Agravo. (incluído pela **Lei n. 7.701**, de 21.12.1988, DOU 22.12.1988)

§ 6º Nas causas sujeitas ao procedimento sumaríssimo, somente será admitido recurso de revista por contrariedade a súmula de jurisprudência uniforme do Tribunal Superior do Trabalho e violação direta da Constituição da República. (acrescentado pela **Lei n. 9.957**, de 12.1.2000, DOU 13.1.2000)

Art. 896-A. O Tribunal Superior do Trabalho, no recurso de revista, examinará previamente se a causa oferece transcendência com relação aos reflexos gerais de natureza econômica, política, social ou jurídica (Artigo acrescentado pela **MP n. 2.226/2001**, de 4.9.2001, DOU 5.9.2001 – **v. Em. Constitucional n. 32**).

Art. 897. Cabe agravo, no prazo de 8 (oito) dias: (alterado pela **Lei n. 8.432**, de 11.6.1992, DOU 12.6.1992)

a) de petição, das decisões do Juiz ou Presidente, nas execuções;

b) de instrumento, dos despachos que denegarem a interposição de recursos.

§ 1º O agravo de petição só será recebido quando o agravante delimitar, justificadamente, as matérias e os valores impugnados, permitida a execução imediata da parte remanescente até o final, nos próprios autos ou por carta de sentença.

§ 2º O agravo de instrumento interposto contra o despacho que não receber agravo de petição não suspende a execução da sentença.

§ 3º Na hipótese da alínea *a* deste artigo, o agravo será julgado pelo próprio tribunal, presidido pela autoridade recorrida, salvo se se tratar de decisão de Juiz do Trabalho de 1ª Instância ou de Juiz de Direito, quando o julgamento competirá a uma das Turmas do Tribunal Regional a que estiver subordinado o prolator da sentença, observado o disposto no art. 679, a quem este remeterá as peças necessárias para o exame da matéria controvertida, em autos apartados, ou nos próprios autos, se tiver sido determinada a extração de carta de sentença. (alterado pela **Lei n. 10.035**, de 25.10.2000, DOU 26.10.2000)

§ 4º Na hipótese da alínea *b* deste artigo, o agravo será julgado pelo Tribunal que seria competente para conhecer o recurso cuja interposição foi denegada.

§ 5º Sob pena de não conhecimento, as partes promoverão a formação do instrumento do agravo de modo a possibilitar, caso provido, o imediato julgamento do recurso denegado, instruindo a petição de interposição:

I – obrigatoriamente, com cópias da decisão agravada, da certidão da respectiva intimação, das procurações outorgadas aos advogados do agravante e do agravado, da petição inicial, da contestação, da decisão originária, do depósito recursal referente ao recurso que se pretende destrancar, da comprovação do recolhimento das custas e do depósito recursal a que se refere o § 7º do art. 899 desta Consolidação; **(Lei n. 12.275/ 2010)**

II – facultativamente, com outras peças que o agravante reputar úteis ao deslinde da matéria de mérito controvertida. (alterado pela **Lei n. 9.756**, de 17.12.1998, DOU 18.12.1998)

§ 6º O agravado será intimado para oferecer resposta ao agravo e ao recurso principal, instruindo-a com as peças que considerar necessárias ao julgamento de ambos os recursos. (alterado pela **Lei n. 9.756**, de 17.12.1998, DOU 18.12.1998)

§ 7º Provido o agravo, a Turma deliberará sobre o julgamento do recurso principal, observando-se, se for o caso, daí em diante, o procedimento relativo a esse recurso. (alterado pela **Lei n. 9.756**, de 17.12.1998, DOU 18.12.1998)

§ 8º Quando o agravo de petição versar apenas sobre as contribuições sociais, o juiz da execução determinará a extração de cópias das peças necessárias, que serão autuadas em apartado, conforme dispõe o § 3º, parte final, e remetidas à instância superior para apreciação, após contraminuta. (acrescentado pela **Lei n. 10.035**, de 25.10.2000, DOU 26.10.2000)

Art. 897-A. Caberão embargos de declaração da sentença ou acórdão, no prazo de cinco dias, devendo seu julgamento ocorrer na primeira audiência ou sessão subsequente a sua apresentação, registrado na certidão, admitido efeito modificativo da decisão nos casos de omissão e contradição no julgado e manifesto equívoco no exame dos pressupostos extrínsecos do recurso.

Parágrafo único. Os erros materiais poderão ser corrigidos de ofício ou a requerimento de qualquer das partes. (Artigo acrescentado pela **Lei n. 9.957**, de 12.1.2000)

Art. 898. Das decisões proferidas em dissídio coletivo que afete empresa de serviço público, ou, em qualquer caso, das proferidas em revisão, poderão recorrer, além dos interessados, o Presidente do Tribunal e a Procuradoria da Justiça do Trabalho.

Art. 899. Os recursos serão interpostos por simples petição e terão efeito meramente devolutivo, salvo as exceções previstas neste Título, permitida a execução provisória até a penhora.

§ 1º Sendo a condenação de valor até 10 (dez) vezes o valor de referência regional, nos dissídios individuais, só será admitido o recurso, inclusive o extraordinário, mediante prévio depósito da respectiva importância. Transitada em julgado a decisão recorrida, ordenar-se-á o levantamento imediato da importância do depósito, em favor da parte vencedora, por simples despacho do juiz.

§ 2º Tratando-se de condenação de valor indeterminado, o depósito corresponderá ao que for arbitrado para efeito de custas, pela Junta ou Juízo de Direito, até o limite de 10 (dez) vezes o valor de referência regional.

§ 3º Revogado pela **Lei n. 7.033**, de 5.10.1982, DOU 6.10.1982.

§ 4º O depósito de que trata o § 1º far-se-á na conta vinculada do empregado a que se refere o art. 2º da Lei n. 5.107, de 13 de setembro de 1966, aplicando-se-lhe os preceitos dessa lei, observado, quanto ao respectivo levantamento, o disposto no § 1º.

§ 5º Se o empregado ainda não tiver conta vinculada aberta em seu nome, nos termos do art. 2º da Lei n. 5.107, de 13 de setembro de 1966, a empresa procederá à respectiva abertura, para efeito do disposto no § 2º.

§ 6º Quando o valor da condenação, ou o arbitrado para fins de custas, exceder o limite de 10 (dez) vezes o valor de referência regional, o depósito para fins de recurso será limitado a este valor.

§ 7º No ato de interposição do agravo de instrumento, o depósito recursal corresponderá a 50% (cinquenta por cento) do valor do depósito do recurso ao qual se pretende destrancar. (NR) (Lei n. 12.275/2010)

Art. 900. Interposto o recurso, será notificado o recorrido para oferecer as suas razões, em prazo igual ao que tiver o recorrente.

REGIMENTO INTERNO DO TRIBUNAL SUPERIOR DO TRABALHO

Aprovado pela Resolução Administrativa n. 1.295/2008. Publicado no Diário da Justiça da União de 9.5.2008, p. 20 a 30.

(...)

Da Competência do Órgão Especial

Art. 69. Compete ao Órgão Especial:

I – em matéria judiciária:

a) processar e julgar as reclamações destinadas à preservação da competência dos órgãos do Tribunal, assim considerados aqueles mencionados no art. 59 deste Regimento, ou a garantir a autoridade de suas decisões;

b) julgar mandado de segurança impetrado contra atos do Presidente ou de qualquer Ministro do Tribunal, ressalvada a competência das Seções Especializadas;

c) julgar os recursos interpostos contra decisões dos Tribunais Regionais do Trabalho em mandado de segurança de interesse de Juízes e servidores da Justiça do Trabalho;

d) julgar os recursos interpostos contra decisão em matéria de concurso para a Magistratura do Trabalho;

e) julgar os recursos ordinários em agravos regimentais interpostos contra decisões proferidas em reclamações correcionais ou em pedidos de providências que envolvam impugnações de cálculos de precatórios;

f) julgar os recursos ordinários interpostos contra agravo regimental e mandado de segurança em que tenha sido apreciado despacho de Presidente de Tribunal Regional em precatório;

g) julgar os agravos regimentais interpostos contra decisões proferidas pelo Corregedor-Geral da Justiça do Trabalho; e

h) deliberar sobre as demais matérias jurisdicionais não incluídas na competência dos outros Órgãos do Tribunal.

II – em matéria administrativa:

a) proceder à abertura e ao encerramento do semestre judiciário;

b) eleger os membros do Conselho da Ordem do Mérito Judiciário do Trabalho e os das Comissões previstas neste Regimento;

c) aprovar e emendar o Regulamento Geral da Secretaria do Tribunal Superior do Trabalho, o Regimento da Corregedoria-Geral da Justiça do Trabalho, o Regulamento da Ordem do Mérito Judiciário do Trabalho, os Estatutos da Escola Nacional de Formação e Aperfeiçoamento de Magistrados do Trabalho – ENAMAT e o Regimento Interno do Conselho Superior da Justiça do Trabalho – CSJT;

d) propor ao Poder Legislativo, após a deliberação do Conselho Superior da Justiça do Trabalho, a criação, extinção ou modificação de Tribunais Regionais do Trabalho e Varas do Trabalho, assim como a alteração de jurisdição e de sede destes;

e) propor ao Poder Legislativo a criação, extinção e transformação de cargos e funções públicas e a fixação dos respectivos vencimentos ou gratificações;

f) escolher, mediante escrutínio secreto e pelo voto da maioria absoluta dos seus membros, Juízes de Tribunal Regional do Trabalho para substituir temporariamente Ministro do Tribunal Superior do Trabalho;

g) aprovar a lista dos admitidos na Ordem do Mérito Judiciário do Trabalho;

h) aprovar a lotação das funções comissionadas do Quadro de Pessoal do Tribunal;

i) conceder licença, férias e outros afastamentos aos membros do Tribunal;

j) fixar e rever as diárias e as ajudas de custo do Presidente, dos Ministros e servidores do Tribunal;

l) designar as comissões temporárias para exame e elaboração de estudo sobre matéria relevante, respeitada a competência das comissões permanentes;

m) aprovar as instruções de concurso para provimento dos cargos de Juiz do Trabalho Substituto;

n) aprovar as instruções dos concursos para provimento dos cargos do Quadro de Pessoal do Tribunal e homologar seu resultado final;

o) nomear, promover e demitir servidores do Quadro de Pessoal do Tribunal;

p) julgar os recursos de decisões ou atos do Presidente do Tribunal em matéria administrativa;

q) julgar os recursos interpostos contra decisões dos Tribunais Regionais do Trabalho em processo administrativo disciplinar envolvendo magistrado, estritamente para controle da legalidade; e

r) examinar as matérias encaminhadas pelo Conselho Superior da Justiça do Trabalho.

Seção IV
Da Competência da Seção Especializada em Dissídios Coletivos (SDC)

Art. 70. À Seção Especializada em Dissídios Coletivos compete:

I – originariamente:

a) julgar os dissídios coletivos de natureza econômica e jurídica, de sua competência, ou rever suas próprias sentenças normativas, nos casos previstos em lei;

b) homologar as conciliações firmadas nos dissídios coletivos;

c) julgar as ações anulatórias de acordos e convenções coletivas;

d) julgar as ações rescisórias propostas contra suas sentenças normativas;

e) julgar os agravos regimentais contra despachos ou decisões não definitivas, proferidos pelo Presidente do Tribunal, ou por qualquer dos Ministros integrantes da Seção Especializada em Dissídios Coletivos;

f) julgar os conflitos de competência entre Tribunais Regionais do Trabalho em processos de dissídio coletivo;

g) processar e julgar as medidas cautelares incidentais nos processos de dissídio coletivo; e

h) processar e julgar as ações em matéria de greve, quando o conflito exceder a jurisdição de Tribunal Regional do Trabalho.

mento, e homologar os acordos em processos de competência originária do Tribunal; e

III – representar à autoridade competente, quando, em autos ou documentos de que conhecer, houver indício de crime de ação pública.

Art. 77. A proclamação do resultado da votação será suspensa:

I – pelas Seções Especializadas e pelas Turmas, para remessa do processo ao Tribunal Pleno, quando se verificar que a maioria respectiva se inclina pelo acolhimento da arguição de inconstitucionalidade de norma em matéria que ainda não tenha sido decidida pelo Tribunal Pleno ou pelo Supremo Tribunal Federal;

II – pelas Seções Especializadas, quando convier o pronunciamento do Tribunal Pleno, em razão da relevância da questão jurídica, do interesse público ou da necessidade de prevenir divergência de julgados.

Capítulo III
Da Presidência das Sessões

Seção I
Da Presidência do Tribunal Pleno, do Órgão Especial e das Seções Especializadas

Art. 78. O Ministro Presidente do Tribunal presidirá o Tribunal Pleno, o Órgão Especial e as Seções Especializadas, podendo ser substituído, sucessivamente, pelo Vice-Presidente, pelo Corregedor-Geral da Justiça do Trabalho, ou pelo Ministro mais antigo presente à sessão.

Seção II
Da Presidência das Turmas

Art. 79. O Presidente de Turma será o mais antigo dentre os Ministros que a compõem.

Parágrafo único. É facultado ao Ministro mais antigo recusar a Presidência, se na composição da Turma houver membro integrante da Subseção I Especializada em Dissídios Individuais.

Art. 80. Na hipótese de vacância do cargo de Presidente de Turma, assumirá o Ministro mais antigo do respectivo Colegiado.

Parágrafo único. Nas ausências eventuais ou afastamentos temporários, o Presidente da Turma será substituído pelo Ministro mais antigo do Colegiado.

Seção III
Das Atribuições do Presidente de Turma

Art. 81. Compete ao Presidente de Turma:

I – indicar o Coordenador da Turma para nomeação pelo Presidente do Tribunal;

II – convocar sessões ordinárias e extraordinárias;

III – dirigir os trabalhos e presidir as sessões da Turma, propor e submeter as questões, apurar os votos e proclamar as decisões;

IV – manter a ordem nas sessões, podendo mandar retirar os que as perturbarem e os que faltarem com o devido respeito e prender os desobedientes, fazendo lavrar o respectivo auto;

V – despachar os expedientes da Turma que excederem à competência dos Relatores, inclusive os pedidos manifestados após a publicação dos acórdãos;

VI – supervisionar os serviços da Coordenadoria;

VII – encaminhar ao Presidente do Tribunal, no final de cada mês, relatório circunstanciado das atividades da Turma; e

VIII – convocar, mediante prévio entendimento, Ministro de outra Turma para compor o *quorum.*

TÍTULO IV
DO MINISTÉRIO PÚBLICO DO TRABALHO

Art. 82. O Ministério Público do Trabalho atuará nas sessões do Tribunal representado pelo Procurador-Geral ou, mediante sua delegação, por Subprocuradores-Gerais e por Procuradores Regionais, na forma da lei.

Art. 83. À Procuradoria-Geral do Trabalho serão remetidos processos para parecer, nas seguintes hipóteses:

I – obrigatoriamente, quando for parte pessoa jurídica de direito público, Estado estrangeiro ou organismo internacional;

II – facultativamente, por iniciativa do Relator, quando a matéria, por sua relevância, recomendar a prévia manifestação do Ministério Público;

III – por iniciativa do Ministério Público, quando entender existente interesse público que justifique a sua intervenção; e

IV – por determinação legal, os mandados de segurança em grau originário ou recursal, as ações civis públicas em que o Ministério Público não for autor, os dissídios coletivos originários, caso não exarado parecer na instrução, e os processos em que forem parte índio, comunidades e organizações indígenas.

§ 1º À Procuradoria-Geral do Trabalho serão encaminhados de imediato, após autuação e distribuição, os processos nos quais figuram como parte pessoa jurídica de direito público, Estado estrangeiro ou organismo internacional, e os recursos ordinários em mandado de segurança.

§ 2º Não serão remetidos à Procuradoria-Geral do Trabalho:

XIII – encaminhar os autos de ação rescisória ao Ministro-Revisor.

Art. 107. Compete ao Revisor:

I – sugerir ao Relator medidas ordenatórias do processo em que tenham sido omitidas;

II – confirmar, completar ou retificar o relatório; e

III – encaminhar os autos à Secretaria ou à Coordenadoria para inclusão em pauta.

(...)

Das Decisões e da sua Publicação

Art. 152. Os acórdãos serão assinados pelo Relator do processo ou pelo julgador designado para lavrá-lo.

Parágrafo único. Na ausência dos julgadores mencionados no *caput* deste artigo, assinará o Presidente do órgão.

Art. 153. Os acórdãos da Seção Especializada em Dissídios Coletivos serão publicados na íntegra, no órgão oficial; os dos demais Colegiados terão publicadas apenas a ementa e a parte dispositiva.

Parágrafo único. A republicação de acórdão somente será feita quando autorizada pelo Presidente do Tribunal ou pelo Presidente do Colegiado, prolator da decisão.

Art. 154. Publicado o acórdão, a Secretaria ou a Coordenadoria providenciará sua juntada aos autos e, vencido o prazo de recurso para as partes, os encaminhará à Procuradoria-Geral do Trabalho, quando for parte o Ministério Público, pessoa jurídica de direito público, Estado estrangeiro ou organismo internacional.

Art. 155. São requisitos do acórdão:

I – a ementa, que, resumidamente, consignará a tese jurídica prevalecente no julgamento;

II – o relatório, contendo os nomes das partes, o resumo do pedido e da defesa e o registro das principais ocorrências do processo;

III – os fundamentos em que se baseia a decisão; e

IV – o dispositivo.

TÍTULO II
DA JURISPRUDÊNCIA

Capítulo I
Da Uniformização da Jurisprudência

Art. 156. O incidente de uniformização reger-se-á pelos preceitos dos arts. 476 a 479 do Código de Processo Civil.

§ 1º O incidente será suscitado quando a Seção Especializada constatar que a decisão se inclina contrariamente a reiteradas decisões dos órgãos fracionários sobre interpretação de regra jurídica, não necessariamente sobre matéria de mérito.

§ 2º O incidente somente poderá ser suscitado por Ministro ao proferir seu voto perante a Seção Especializada, pela parte, ou pelo Ministério Público do Trabalho, pressupondo, nos dois últimos casos, divergência jurisprudencial já configurada.

§ 3º A petição da parte e do Ministério Público, devidamente fundamentada, poderá ser apresentada até o momento da sustentação oral, competindo à Seção Especializada apreciar preliminarmente o requerimento.

§ 4º Verificando a Seção Especializada que a maioria conclui contrariamente a decisões reiteradas de órgãos fracionários sobre tema relevante de natureza material ou processual, deixará de proclamar o resultado e suscitará o incidente de uniformização de jurisprudência ao Tribunal Pleno. A decisão constará de simples certidão.

§ 5º A determinação de remessa ao Tribunal Pleno é irrecorrível, assegurada às partes a faculdade de sustentação oral por ocasião do julgamento.

§ 6º Será Relator no Tribunal Pleno, o Ministro originariamente sorteado para relatar o feito em que se verifica o incidente de uniformização; se vencido, o Ministro que primeiro proferiu o voto prevalecente. Caso o Relator originário não componha o Tribunal Pleno, o feito será distribuído a um dos membros deste Colegiado.

§ 7º Os autos serão remetidos à Comissão de Jurisprudência para emissão de parecer e apresentação da proposta relativa ao conteúdo e redação da Súmula ou do Precedente Normativo a ser submetido ao Tribunal Pleno, e, após, serão conclusos ao Relator para exame e inclusão em pauta.

§ 8º As cópias da certidão referente ao incidente de uniformização e do parecer da Comissão de Jurisprudência serão remetidas aos Ministros da Corte, tão logo incluído em pauta o processo.

§ 9º Como matéria preliminar, o Tribunal Pleno decidirá sobre a configuração da contrariedade, passando, caso admitida, a deliberar sobre as teses em conflito.

§ 10. A decisão do Tribunal Pleno sobre o tema é irrecorrível, cabendo à Seção Especializada, na qual foi suscitado o incidente, quando do prosseguimento do julgamento, aplicar a interpretação fixada.

§ 11. A decisão do Tribunal Pleno sobre o incidente de uniformização de jurisprudência constará de certidão, juntando-se o voto prevalecente aos autos. As cópias da certidão e do voto deverão ser juntadas ao projeto de proposta formulado pela Comissão de Jurisprudência e Precedentes Normativos para redação final da Súmula ou do Precedente Normativo que daí decorrerá.

judicantes, a Comissão de Jurisprudência e Precedentes Normativos, a Procuradoria-Geral do Trabalho, o Conselho Federal da Ordem dos Advogados do Brasil ou Confederação Sindical, de âmbito nacional, suscitar ou requerer ao Presidente do Tribunal apreciação, pelo Tribunal Pleno, de proposta de edição de Súmula. Nesse caso, serão dispensados os pressupostos dos incisos I a IV deste artigo, e deliberada, preliminarmente, por dois terços dos votos, a existência de relevante interesse público.

Art. 166. A edição, revisão ou cancelamento de Súmula serão objeto de apreciação pelo Tribunal Pleno, considerando-se aprovado o projeto quando a ele anuir a maioria absoluta de seus membros.

Capítulo III
Dos Precedentes Normativos e das Orientações Jurisprudenciais

Art. 167. Da proposta de edição de Precedentes Normativos do Tribunal e de Orientações Jurisprudenciais formuladas pela Comissão de Jurisprudência e Precedentes Normativos resultará um projeto, que será devidamente instruído com a sugestão do texto, a exposição dos motivos que justificaram a sua edição, a relação dos acórdãos que originaram os precedentes e a indicação da legislação pertinente à hipótese.

§ 1º O projeto será encaminhado aos Ministros para, no prazo de quinze dias, apresentarem sugestões e/ou objeções pertinentes.

§ 2º Vencido o prazo do parágrafo anterior, a Comissão, após exame das sugestões e/ou objeções, deliberará conclusivamente sobre o projeto.

Art. 168. A proposta de Precedente Normativo do Tribunal deverá atender a um dos um dos seguintes pressupostos:

I – três acórdãos da Seção Especializada em Dissídios Coletivos, reveladores da unanimidade sobre a tese, desde que presentes aos julgamentos pelo menos 2/3 (dois terços) dos membros efetivos do Órgão; ou

II – cinco acórdãos da Seção Especializada em Dissídios Coletivos, prolatados por maioria simples, desde que presentes aos julgamentos pelo menos 2/3 (dois terços) dos membros efetivos do Órgão.

Art. 169. Poderão ser estabelecidos precedentes para o Órgão Especial, que expressarão a jurisprudência prevalecente.

Art. 170. A proposta de orientação jurisprudencial do Órgão Especial deverá atender a um dos seguintes pressupostos:

I – três acórdãos do Tribunal Pleno ou do Órgão Especial, reveladores da unanimidade sobre a tese, desde que presentes aos julgamentos pelo menos 2/3 (dois terços) de seus membros; ou

II – cinco acórdãos do Tribunal Pleno ou do Órgão Especial, prolatados por maioria simples, desde que presentes aos julgamentos pelo menos 2/3 (dois terços) de seus membros.

Art. 171. A proposta de instituição de nova orientação jurisprudencial da Seção Especializada em Dissídios Individuais deverá atender a um dos seguintes pressupostos:

I – cinco acórdãos da Subseção respectiva, reveladores da unanimidade sobre a tese; ou

II – dez acórdãos da Subseção respectiva, prolatados por maioria simples.

Art. 172. Aprovada a proposta, passará a denominar-se Precedente Normativo ou Orientação Jurisprudencial, conforme o caso, com numeração própria.

Art. 173. Os Precedentes Normativos e as Orientações Jurisprudenciais expressarão a jurisprudência prevalecente das respectivas Subseções, quer para os efeitos do que contém a Súmula n. 333 do TST quer para o que dispõe o art. 557, *caput*, e § 1º-A do Código de Processo Civil.

Parágrafo único. Os acórdãos catalogados para fim de adoção de Precedentes Normativos e de Orientação Jurisprudencial deverão ser de relatores diversos, proferidos em sessões distintas.

Capítulo IV
Da Divulgação da Jurisprudência do Tribunal

Art. 174. A jurisprudência do Tribunal será divulgada pelas seguintes publicações:

I – Diário Eletrônico da Justiça do Trabalho ou Diário da Justiça da União;

II – Revista do Tribunal Superior do Trabalho;

III – periódicos autorizados, mediante registro; e

IV – sítio do Tribunal Superior do Trabalho na internet.

Parágrafo único. São repositórios autorizados para indicação de julgados perante o Tribunal os repertórios, revistas e periódicos registrados de conformidade com o ato normativo editado pela Presidência, além do sítio do Tribunal Superior do Trabalho na internet.

Art. 175. As Súmulas, os Precedentes Normativos e as Orientações Jurisprudenciais, datados e numerados, serão publicados por três vezes consecutivas no Diário da Justiça da União ou no Diário Eletrônico da Justiça do Trabalho, com a indicação dos respectivos precedentes, observado o mesmo procedimento na revisão e no cancelamento.

Parágrafo único. As Súmulas, os Precedentes Normativos e as Orientações Jurisprudenciais canceladas ou alteradas manterão a respectiva numeração, com a nota correspondente, tomando novos números as que forem editadas.

Art. 197. A reclamação, dirigida ao Presidente do Tribunal e instruída com prova documental, será autuada e distribuída, sempre que possível, ao Relator da causa principal.

Art. 198. Ao despachar a inicial, incumbe ao Relator:

I – requisitar informações da autoridade a quem for atribuída a prática do ato impugnado, para que as apresente no prazo de dez dias; e

II – ordenar liminarmente, se houver risco de dano irreparável, a suspensão do processo ou do ato impugnado.

Parágrafo único. Decorrido o prazo para informações, o Ministério Público terá vista dos autos por oito dias, salvo se figurar como reclamante.

Art. 199. À reclamação poderá opor-se, fundamentadamente, qualquer interessado.

Art. 200. Julgada procedente a reclamação, o Órgão Especial cassará a deliberação afrontosa à decisão do Tribunal Superior do Trabalho ou determinará medida adequada à preservação da sua competência.

(...)

Capítulo III
Dos Recursos

Seção I
Do Recurso Ordinário

Art. 224. Cabe recurso ordinário para o Tribunal das decisões definitivas proferidas pelos Tribunais Regionais do Trabalho em processos de sua competência originária, no prazo legal, contado da publicação do acórdão ou de sua conclusão no órgão oficial.

Art. 225. É cabível recurso ordinário em:

I – ação anulatória;

II – ação cautelar;

III – ação declaratória;

IV – agravo regimental;

V – ação rescisória;

VI – dissídio coletivo;

VII – *habeas corpus*;

VIII – *habeas data*; e

IX – mandado de segurança.

Seção II
Do Recurso de Revista

Art. 226. O recurso de revista, interposto na forma da lei, é apresentado no Tribunal Regional do Trabalho e tem seu cabimento examinado em despacho fundamentado pelo Presidente do Tribunal de origem, ou pelo Juiz designado para esse fim, conforme o Regimento Interno do Tribunal Regional do Trabalho.

Parágrafo único. São fontes oficiais de publicação dos julgados o Diário Eletrônico da Justiça do Trabalho, o Diário da Justiça da União e dos Estados, a Revista do Tribunal Superior do Trabalho, as revistas publicadas pelos Tribunais Regionais do Trabalho, os sítios do Tribunal Superior do Trabalho e dos Tribunais Regionais do Trabalho na internet e os repositórios autorizados a publicar a jurisprudência trabalhista.

Seção III
Do Agravo de Instrumento

Art. 227. O agravo de instrumento interposto contra despacho denegatório do processamento de recurso de competência desta Corte será autuado e distribuído, observada a competência dos órgãos do Tribunal, aplicando-se quanto à tramitação e julgamento as disposições inscritas nesta Seção.

Art. 228. Em se tratando de agravo de instrumento que tramita conjuntamente com recurso de revista, se provido o agravo, publicar-se-á a certidão para efeito de intimação das partes, dela constando que o julgamento de ambos os recursos de revista dar-se-á na primeira sessão ordinária subsequente à data da publicação.

§ 1º Os autos do agravo de instrumento serão apensados aos do processo principal, com a alteração dos registros relativamente às partes, permanecendo a numeração constante dos autos principais.

§ 2º Julgado o recurso de revista, será lavrado um único acórdão, que consignará também os fundamentos do provimento do agravo de instrumento, fluindo a partir da data de publicação do acórdão o prazo para interposição de embargos de declaração e/ou embargos à Seção de Dissídios Individuais.

Art. 229. Interposto apenas agravo de instrumento, se lhe for dado provimento, observar-se-á o procedimento do art. 228, *caput*, e § 2º.

§ 1º O processo, nessa hipótese, será reautuado como recurso de revista, mantida a numeração dada ao agravo de instrumento.

§ 2º Não sendo conhecido ou provido o agravo de instrumento, será lavrado o respectivo acórdão.

Art. 230. Na hipótese do art. 228, se não for conhecido ou provido o agravo de instrumento, será de imediato julgado o recurso de revista, com lavratura de acórdãos distintos.

Capítulo IV
Dos Recursos das Decisões Proferidas no Tribunal

Seção I
Dos Embargos

Art. 231. Cabem embargos, por divergência jurisprudencial, das decisões das Turmas do Tribunal, no prazo de oito dias, contados de sua publicação, na forma da lei.

Parágrafo único. Registrado o protocolo na petição a ser encaminhada à Coordenadoria da Turma prolatora da decisão embargada, esta juntará o recurso aos autos respectivos e abrirá vista à parte contrária para impugnação no prazo legal. Transcorrido o prazo, o processo será remetido à unidade competente para ser imediatamente distribuído.

Seção II
Dos Embargos Infringentes

Art. 232. Cabem embargos infringentes das decisões não unânimes proferidas pela Seção Especializada em Dissídios Coletivos, no prazo de oito dias, contados da publicação do acórdão no órgão oficial, nos processos de Dissídios Coletivos de competência originária do Tribunal.

Parágrafo único. Os embargos infringentes serão restritos à cláusula em que há divergência, e, se esta for parcial, ao objeto da divergência.

Art. 233. Registrado o protocolo na petição a ser encaminhada à Secretaria do órgão julgador competente, esta juntará o recurso aos autos respectivos e abrirá vista à parte contrária, para impugnação, no prazo legal. Transcorrido o prazo, o processo será remetido à unidade competente, para ser imediatamente distribuído.

Art. 234. Não atendidas as exigências legais relativas ao cabimento dos embargos infringentes, o Relator denegará seguimento ao recurso, facultada à parte a interposição de agravo regimental.

Seção III
Do Agravo Regimental

Art. 235. Cabe agravo regimental, no prazo de oito dias, para o Órgão Especial, Seções Especializadas e Turmas, observada a competência dos respectivos órgãos, nas seguintes hipóteses:

I – do despacho do Presidente do Tribunal que denegar seguimento aos embargos infringentes;

II – do despacho do Presidente do Tribunal que suspender execução de liminares ou de decisão concessiva de mandado de segurança;

III – do despacho do Presidente do Tribunal que conceder ou negar suspensão da execução de liminar, antecipação de tutela ou da sentença em cautelar;

IV – do despacho do Presidente do Tribunal concessivo de liminar em mandado de segurança ou em ação cautelar;

V – do despacho do Presidente do Tribunal proferido em pedido de efeito suspensivo;

VI – das decisões e despachos proferidos pelo Corregedor-Geral da Justiça do Trabalho;

VII – do despacho do Relator que negar prosseguimento a recurso, ressalvada a hipótese do art. 239;

VIII – do despacho do Relator que indeferir inicial de ação de competência originária do Tribunal; e

IX – do despacho ou da decisão do Presidente do Tribunal, de Presidente de Turma, do Corregedor-Geral da Justiça do Trabalho ou Relator que causar prejuízo ao direito da parte, ressalvados aqueles contra os quais haja recursos próprios previstos na legislação ou neste Regimento.

Art. 236. O agravo regimental será concluso ao prolator do despacho, que poderá reconsiderá-lo ou determinar sua inclusão em pauta visando apreciação do Colegiado competente para o julgamento da ação ou do recurso em que exarado o despacho.

§ 1º Os agravos regimentais contra ato ou decisão do Presidente do Tribunal, do Vice-Presidente e do Corregedor-Geral da Justiça do Trabalho, desde que interpostos no período do respectivo mandato, serão por eles relatados. Os agravos regimentais interpostos após o término da investidura no cargo do prolator do despacho serão conclusos ao Ministro sucessor.

§ 2º Os agravos regimentais interpostos contra despacho do Relator, na hipótese de seu afastamento temporário ou definitivo, serão conclusos, conforme o caso, ao Juiz convocado ou ao Ministro nomeado para a vaga.

§ 3º Os agravos regimentais interpostos contra despacho do Presidente do Tribunal, proferido durante o período de recesso e férias, serão julgados pelo Relator do processo principal, salvo nos casos de competência específica da Presidência da Corte.

§ 4º O acórdão do agravo regimental será lavrado pelo Relator, ainda que vencido.

Seção IV
Do Pedido de Concessão de Efeito Suspensivo

Art. 237. O recurso interposto de decisão normativa da Justiça do Trabalho terá efeito suspensivo, na medida e extensão conferidas em despacho do Presidente do Tribunal Superior do Trabalho.

Art. 238. O pedido de concessão de efeito suspensivo de recurso em matéria normativa deverá ser instruído com as seguintes peças: decisão normativa recorrida; petição de recurso ordinário, prova de sua tempestividade e respectivo despacho de admissibilidade; guia de recolhimento de custas, se houver; procuração conferindo poderes ao subscritor da medida; e outras que o requerente reputar úteis para o exame da solicitação.

Seção V
Do Agravo

Art. 239. Caberá agravo ao órgão colegiado competente para o julgamento do respectivo recurso, no prazo de oito dias, a contar da publicação no órgão oficial:

I – da decisão do Relator, tomada com base no § 5º do art. 896 da CLT;

II – da decisão do Relator, dando ou negando provimento ou negando seguimento a recurso, nos termos do art. 557 e § 1º-A do CPC.

Art. 240. Para o julgamento do processo, observar-se-á o disposto neste Regimento.

Seção VI
Dos Embargos de Declaração

Art. 241. Contra as decisões proferidas pelo Tribunal, e contra os despachos do Relator, provendo ou negando provimento, ou denegando seguimento a recurso, poderão ser interpostos embargos de declaração, no prazo de cinco dias, contados da sua publicação.

Parágrafo único. Em se tratando de embargos de declaração interpostos contra decisão monocrática, caberá ao Relator apreciá-los por despacho, ou recebê-los como agravo, se entender pertinente, conforme o caso.

Art. 242. Registrado o protocolo na petição e após sua juntada, os autos serão conclusos ao Relator da decisão embargada, ressalvadas as situações previstas nos arts. 92 a 96 deste Regimento.

Parágrafo único. Não sendo possível a aplicação de nenhuma das regras previstas nos arts. 92 a 96, adotar-se-á critério de competência para a distribuição dos embargos ao Juiz convocado ou ao Ministro que tenha ocupado a vaga do antigo Relator, e, como último critério, distribuir--se-á o processo entre os integrantes do órgão.

Art. 243. Nos embargos de declaração, a concessão de efeito modificativo sujeitar-se-á à prévia concessão de vista à parte contrária.

(...)

Capítulo III
Dos Recursos para o Supremo Tribunal Federal

Seção I
Do Recurso Extraordinário

Art. 266. Cabe recurso extraordinário das decisões do Tribunal proferidas em única ou última instância, nos termos da Constituição da República.

§ 1º O recurso será interposto em petição fundamentada, no prazo de quinze dias da publicação do acórdão ou de suas conclusões no órgão oficial.

§ 2º A petição do recurso extraordinário será juntada aos autos após transcorrido o prazo legal sem a interposição de recurso de competência do Tribunal Superior do Trabalho, abrindo-se, de imediato, vista dos autos à parte contrária para apresentação das contrarrazões no prazo de quinze dias.

Art. 267. Findo o prazo das contrarrazões, os autos serão conclusos ao Vice-Presidente do Tribunal para exame da admissibilidade do recurso.

Art. 268. Os processos julgados pelo Tribunal Superior do Trabalho só serão restituídos à instância originária quando findo o prazo de interposição do recurso extraordinário para o Supremo Tribunal Federal.

Seção II
Do Agravo de Instrumento

Art. 269. Cabe agravo de instrumento contra despacho denegatório do recurso extraordinário, no prazo de dez dias, contados de sua publicação no órgão oficial.

Art. 270. Formado o instrumento, abrir-se-á vista ao agravado, por igual prazo, para apresentação de contraminuta, podendo, conforme o caso, requerer o traslado de outras peças além das exigidas pelo Regimento Interno do Supremo Tribunal Federal, que serão extraídas e juntadas aos autos no prazo de três dias.

Art. 271. O agravante e o agravado poderão, com documentos novos, instruir, respectivamente, a minuta e a contraminuta.

Parágrafo único. Apresentado documento novo pelo agravado, será aberta vista ao agravante, no prazo de cinco dias.

Art. 272. Os autos devidamente preparados serão conclusos ao Vice-Presidente do Tribunal, que reformará ou manterá o despacho agravado, podendo, se o mantiver, ordenar a extração e a juntada, em igual prazo, de outras peças dos autos principais.

(...)

Capítulo III
Das Disposições Finais e Transitórias

Art. 299. Compete ao Órgão Especial apreciar os feitos que ficaram com julgamento suspenso na extinta Seção Administrativa, nos termos deste Regimento;

Art. 300. Quando o agravo de instrumento tramitar nos autos principais em que haja recurso de revista da outra parte, o processo será autuado como agravo de instrumento em recurso de revista e recurso de revista – AIRR e RR e receberá um único número.

Art. 301. Quando o agravo de instrumento for processado nos autos principais, nos quais se encontra sobrestado julgamento de recurso de revista da outra parte, na autuação do processo será considerado o número originário do recurso de revista sobrestado e observada a classe de agravo de instrumento em recurso de revista e recurso de revista (AIRR e RR).

Parágrafo único. O processo será distribuído ao Relator do recurso de revista sobrestado. Se o Relator não se encontrar em exercício no órgão prevento, haverá a redistribuição no âmbito do Colegiado a um dos seus integrantes.

Art. 302. Em quaisquer situações previstas nos arts. 300 e 301, se não for conhecido ou provido o agravo de instrumento, será de imediato julgado o recurso de revista, com lavratura de um único acórdão.

Art. 303. A Subseção I Especializada em Dissídios Individuais julgará desde logo a matéria objeto do recurso de revista não conhecido pela Turma, caso conclua, no julgamento do recurso de embargos interposto em data anterior à vigência da Lei n. 11.496/2007, que aquele recurso estava corretamente fundamentado em violação de dispositivo de lei federal ou da Constituição da República.

Art. 304. Fazem parte integrante deste Regimento, no que lhes for aplicável, as normas de lei complementar alusiva à Magistratura Nacional, as estabelecidas pela Consolidação das Leis do Trabalho e legislação complementar e, subsidiariamente, as do Direito Processual Civil, salvo se incompatíveis com o Direito Processual do Trabalho.

Art. 305. O Regulamento Geral da Secretaria do Tribunal constitui parte integrante deste Regimento, bem como as Resoluções, Instruções Normativas, Resoluções Administrativas e Emendas Regimentais.

Art. 306. Revoga-se o Regimento Interno publicado em 27 de novembro de 2002, aprovado pela Resolução Administrativa n. 908/2002, e todas as demais disposições regimentais.

Art. 307. Este Regimento entrará em vigor na data de sua publicação.

Sala de sessões, 24 de abril de 2008.

Rider de Brito

Ministro Presidente do Tribunal Superior do Trabalho

INSTRUÇÃO NORMATIVA N. 3(*)

Interpreta o art. 8º da Lei n. 8.542, de 23.12.1992 (DOU de 24.12.1992), que trata do depósito para recurso nas ações na Justiça do Trabalho e a Lei n. 12.275, de 29 de junho de 2010, que altera a redação do inciso I do § 5º do art. 897 e acresce o § 7º ao art. 899, ambos da Consolidação das Leis do Trabalho – CLT, aprovada pelo Decreto-Lei n. 5.452, de 1º de maio de 1943.

I – Os depósitos de que trata o art. 40, e seus parágrafos, da Lei n. 8.177/1991, com a redação dada pelo art. 8º da Lei n. 8.542/1992, e o depósito de que tratam o § 5º, I, do art. 897 e o § 7º do art. 899, ambos da CLT, com a redação dada pela Lei n. 12.275, de 29.6.2010, não têm natureza jurídica de taxa de recurso, mas de garantia do juízo recursal, que pressupõe decisão condenatória ou executória de obrigação de pagamento em pecúnia, com valor líquido ou arbitrado.

II – No processo de conhecimento dos dissídios individuais o valor do depósito é limitado a R$ 5.889,50 (cinco mil, oitocentos e oitenta e nove reais e cinquenta centavos), ou novo valor corrigido, para o recurso ordinário, e a R$ 11.779,02 (onze mil, setecentos e setenta e nove reais e dois centavos), ou novo valor corrigido, para cada um dos recursos subsequentes, isto é, de revista, de embargos (ditos impropriamente infringentes) e extraordinário, para o Supremo Tribunal Federal, observando-se o seguinte:

a) para o recurso de agravo de instrumento, o valor do "depósito recursal corresponderá a 50% (cinquenta por cento) do valor do depósito do recurso ao qual se pretende destrancar";

b) depositado o valor total da condenação, nenhum depósito será exigido nos recursos das decisões posteriores, salvo se o valor da condenação vier a ser ampliado;

c) se o valor constante do primeiro depósito, efetuado no limite legal, é inferior ao da condenação, será devida complementação de depósito em recurso posterior, observado o valor nominal remanescente da condenação e/ou os limites legais para cada novo recurso;

d) havendo acréscimo ou redução da condenação em grau recursal, o juízo prolator da decisão arbitrará novo valor à condenação, quer para a exigibilidade de depósito ou complementação do já depositado, para o caso

---

(*) Republicação da Instrução Normativa n. 3, com as alterações introduzidas pela Resolução n. 168, de 9 de agosto de 2010.

de recurso subsequente, quer para liberação do valor excedente decorrente da redução da condenação;

e) nos dissídios individuais singulares o depósito será efetivado pelo recorrente, mediante a utilização das guias correspondentes, na conta do empregado no FGTS – Fundo de Garantia do Tempo de Serviço, em conformidade com os §§ 4º e 5º do art. 899 da CLT, ou fora dela, desde que feito na sede do juízo e permaneça à disposição deste, mediante guia de depósito judicial extraída pela Secretaria Judiciária;

f) nas reclamatórias plúrimas e nas em que houver substituição processual, será arbitrado o valor total da condenação, para o atendimento da exigência legal do depósito recursal, em conformidade com as alíneas anteriores, mediante guia de depósito judicial extraída pela Secretaria Judiciária do órgão em que se encontra o processo;

g) com o trânsito em julgado da decisão condenatória, os valores que tenham sido depositados e seus acréscimos serão considerados na execução;

h) com o trânsito em julgado da decisão que absolveu o demandado da condenação, ser-lhe-á autorizado o levantamento do valor depositado e seus acréscimos.

III – Julgada procedente ação rescisória e imposta condenação em pecúnia, será exigido um único depósito recursal, até o limite máximo de R$ 11.779,02 (onze mil, setecentos e setenta e nove reais e dois centavos), ou novo valor corrigido, dispensado novo depósito para os recursos subsequentes, salvo o depósito do agravo de instrumento, previsto na Lei n. 12.275/2010, observando-se o seguinte:

a) o depósito será efetivado pela parte recorrente vencida, mediante guia de depósito judicial expedida pela Secretaria Judiciária, à disposição do juízo da causa;

b) com o trânsito em julgado da decisão, se condenatória, o valor depositado e seus acréscimos serão considerados na execução; se absolutória, será liberado o levantamento do valor do depositado e seus acréscimos.

IV – A exigência de depósito no processo de execução observará o seguinte:

a) a inserção da vírgula entre as expressões "... aos embargos" e "à execução..." é atribuída a erro de redação, devendo ser considerada a locução "embargos à execução";

b) dada a natureza jurídica dos embargos à execução, não será exigido depósito para a sua oposição quando estiver suficientemente garantida a execução por depósito recursal já existente nos autos, efetivado no processo de conhecimento, que permaneceu vinculado à execução, e/ou pela nomeação ou apreensão judicial de bens do devedor, observada a ordem preferencial estabelecida em lei;

c) garantida integralmente a execução nos embargos, só haverá exigência de depósito em qualquer recurso subsequente do devedor se tiver havido elevação do valor do débito, hipótese em que o depósito recursal corresponderá ao valor do acréscimo, sem qualquer limite;

d) o depósito previsto no item anterior será efetivado pelo executado recorrente, mediante guia de depósito judicial expedida pela Secretaria Judiciária, à disposição do juízo da execução;

e) com o trânsito em julgado da decisão que liquidar a sentença condenatória, serão liberados em favor do exequente os valores disponíveis, no limite da quantia exequenda, prosseguindo, se for o caso, a execução por crédito remanescente, e autorizando-se o levantamento, pelo executado, dos valores que acaso sobejarem.

V – Nos termos da redação do § 3º do art. 40, não é exigido depósito para recurso ordinário interposto em dissídio coletivo, eis que a regra aludida atribui apenas valor ao recurso, com efeitos limitados, portanto, ao cálculo das custas processuais.

VI – Os valores alusivos aos limites de depósito recursal serão reajustados anualmente pela variação acumulada do INPC do IBGE dos doze meses imediatamente anteriores, e serão calculados e publicados no Diário Eletrônico da Justiça do Trabalho por ato do Presidente do Tribunal Superior do Trabalho, tornando-se obrigatória a sua observância a partir do quinto dia seguinte ao da publicação.

VII – Toda decisão condenatória ilíquida deverá conter o arbitramento do valor da condenação. O acréscimo de condenação em grau recursal, quando ilíquido, deverá ser arbitrado também para fins de depósito.

VIII – O depósito judicial, realizado na conta do empregado no FGTS ou em estabelecimento bancário oficial, mediante guia à disposição do juízo, será da responsabilidade da parte quanto à exatidão dos valores depositados e deverá ser comprovado, nos autos, pelo recorrente, no prazo do recurso a que se refere, independentemente da sua antecipada interposição, observado o limite do valor vigente na data da efetivação do depósito, bem como o contido no item VI, salvo no que se refere à comprovação do depósito recursal em agravo de instrumento, que observará o disposto no art. 899, § 7º, da CLT, com a redação da Lei n. 12.275/2010.

IX – é exigido depósito recursal para o recurso adesivo, observados os mesmos critérios e procedimentos do recurso principal previsto nesta Instrução Normativa.

X – Não é exigido depósito recursal, em qualquer fase do processo ou grau de jurisdição, dos entes de direito público externo e das pessoas de direito público contempladas no Decreto-Lei n. 779, de 21.8.1969, bem assim da massa falida, da herança jacente e da parte que, comprovando insuficiência de recursos, receber assistência judiciária integral e gratuita do Estado (art. 5º, LXXIV, CF).

XI – Não se exigirá a efetivação de depósito em qualquer fase ou grau recursal do processo, fora das hipóteses previstas nesta Instrução Normativa.

XII – Havendo acordo para extinção do processo, as partes disporão sobre o valor depositado. Na ausência de expressa estipulação dos interessados, o valor disponível será liberado em favor da parte depositante.

INSTRUÇÃO NORMATIVA N. 17, de 1999

Editada pela Resolução n. 91/1999

Publicada em 12.1.2000

Alterada pela Resolução n. 93

Publicada do Diário de Justiça em 24.4.2000

Alterada pela Resolução n. 101

Publicada no Diário da Justiça em 10.11.2000

Alterada pela Resolução n. 131

Publicada no Diário da Justiça em 9.5.2005

Uniformiza a interpretação da Lei n. 9.756, de 17 de dezembro de 1998, com relação ao recurso de revista.

I – Aplica-se ao processo do trabalho o disposto no parágrafo único do art. 120 do Código de Processo Civil, segundo a redação dada pela Lei n. 9.756/1998, relativo ao conflito de competência, nos seguintes termos:

Havendo jurisprudência dominante no Tribunal sobre a questão suscitada, o relator poderá decidir, de plano, o conflito de competência, cabendo agravo, no prazo de oito dias, contado da intimação às partes, para o órgão recursal competente.

II – Aplica-se ao processo do trabalho o parágrafo único acrescido ao art. 481 do Código de Processo Civil, conforme redação dada pela Lei n. 9.756/1998, no que tange à declaração de inconstitucionalidade, nos seguintes termos:

Os órgãos fracionários dos Tribunais não submeterão ao plenário, ou ao órgão especial, a arguição de inconstitucionalidade, quando já houver pronunciamento destes, ou do plenário do Supremo Tribunal Federal, sobre a questão.

III – Aplica-se ao processo do trabalho o *caput* do art. 557 do Código de Processo Civil, com a redação dada pela Lei n. 9.756/1998, salvo no que tange aos recursos de revista, embargos e agravo de instrumento, os quais continuam regidos pelo § 5º do art. 896 da Consolidação das Leis do Trabalho – CLT, que regulamenta as hipóteses de negativa de seguimento a recurso.

Assim, ressalvadas as exceções apontadas, o relator negará seguimento a recurso manifestamente inadmissível, improcedente, prejudicado ou em confronto com súmula ou com jurisprudência dominante do respectivo Tribunal, do Supremo Tribunal Federal ou de Tribunal Superior.

Outrossim, aplicam-se ao processo do trabalho os §§ 1º-A e 1º e 2º do art. 557 do Código de Processo Civil, adequando-se o prazo do agravo à sistemática do processo do trabalho (oito dias).

Desse modo, se a decisão recorrida estiver em manifesto confronto com súmula ou com jurisprudência dominante do Supremo Tribunal Federal ou de Tribunal Superior, o relator poderá dar provimento ao recurso, cabendo agravo, no prazo de oito dias, ao órgão competente para o julgamento do recurso. Se não houver retratação, o relator, após incluir o processo em pauta, proferirá o voto. Provido o agravo, o recurso terá seguimento. (NR)

IV – Os beneficiários da justiça gratuita estão dispensados do recolhimento antecipado da multa prevista no § 2º do art. 557 do CPC. (NR)

V – As demais disposições oriundas de alteração do processo civil, resultantes da Lei n. 9.756/1998, consideram-se inaplicáveis ao processo do trabalho, especialmente o disposto no art. 511, *caput*, e seu § 2º.

INSTRUÇÃO NORMATIVA N. 18, de 1999

Editada pela Resolução n. 92/1999

Publicada no Diário da Justiça em 12.1.2000

Considera-se válida para comprovação do depósito recursal na Justiça do Trabalho a guia respectiva em que conste pelo menos o nome do Recorrente e do Recorrido; o número do processo; a designação do juízo por onde tramitou o feito e a explicitação do valor depositado, desde que autenticada pelo Banco recebedor.

Revogam-se as disposições em contrário.

INSTRUÇÃO NORMATIVA N. 23, de 2003

Editada pela Resolução n. 118

Publicada no Diário da Justiça em 14.8.2003

Dispõe sobre petições de recurso de revista.

Considerando a necessidade de racionalizar o funcionamento da Corte, para fazer frente à crescente demanda recursal, e de otimizar a utilização dos recursos da informática, visando à celeridade da prestação jurisdicional, anseio do jurisdicionado;

Considerando a natureza extraordinária do recurso de revista e a exigência legal de observância de seus pressupostos de admissibilidade;

Considerando que a elaboração do recurso de maneira adequada atende aos interesses do próprio recorrente, principalmente na viabilização da prestação jurisdicional;

Considerando que o advogado desempenha papel essencial à administração da Justiça, colaborando como partícipe direto no esforço de aperfeiçoamento da atividade jurisdicional, merecendo assim atenção especial na definição dos parâmetros técnicos que racionalizam e objetivam seu trabalho;

Considerando que facilita o exame do recurso a circunstância de o recorrente indicar as folhas em que se encontra a prova da observância dos pressupostos extrínsecos do recurso;

Considerando que, embora a indicação dessas folhas não seja requisito legal para conhecimento do recurso, é recomendável que o recorrente o faça;

RESOLVE, quanto às petições de recurso de revista:

I – Recomendar sejam destacados os tópicos do recurso e, ao demonstrar o preenchimento dos seus pressupostos extrínsecos, sejam indicadas as folhas dos autos em que se encontram:

a) a procuração e, no caso de elevado número de procuradores, a posição em que se encontra(m) o(s) nome(s) do(s) subscritor(es) do recurso;

b) a ata de audiência em que o causídico atuou, no caso de mandato tácito;

c) o depósito recursal e as custas, caso já satisfeitos na instância ordinária;

d) os documentos que comprovam a tempestividade do recurso (indicando o início e o termo do prazo, com referência aos documentos que o demonstram).

II – Explicitar que é ônus processual da parte demonstrar o preenchimento dos pressupostos intrínsecos do recurso de revista, indicando:

a) qual o trecho da decisão recorrida que consubstancia o prequestionamento da controvérsia trazida no recurso;

b) qual o dispositivo de lei, súmula, orientação jurisprudencial do TST ou ementa (com todos os dados que permitam identificá-la) que atrita com a decisão regional.

III – Reiterar que, para comprovação da divergência justificadora do recurso, é necessário que o recorrente:

a) junte certidão ou cópia autenticada do acórdão paradigma ou cite a fonte oficial ou repositório em que foi publicado;

b) transcreva, nas razões recursais, as ementas e/ou trechos dos acórdãos trazidos à configuração do dissídio, demonstrando os conflitos de teses que justifiquem o conhecimento do recurso, ainda que os acórdãos já se encontrem nos autos ou venham a ser juntados com o recurso.

VI – Aplica-se às contrarrazões o disposto nesta Instrução, no que couber.

Sala de Sessões, 5 de agosto de 2003.

Valério Augusto Freitas do Carmo

Diretor-Geral de Coordenação Judiciária

INSTRUÇÃO NORMATIVA N. 26, de 2004

Editada pela Resolução n. 124

Publicada no Diário da Justiça em 14.9.2004

Dispõe sobre a guia de recolhimento do depósito recursal.

O Tribunal Superior do Trabalho, no gozo de suas prerrogativas constitucionais e legais,

Considerando que o depósito recursal, nos termos do art. 899 da CLT, deve ser feito em conta vinculada do Fundo de Garantia do Tempo de Serviço – FGTS, aberta para fim específico;

Considerando que os recolhimentos, a título de depósito recursal, realizam-se por intermédio da Guia de Recolhimento do FGTS e Informações à Previdência Social – GFIP, de conformidade com o disposto no item 10.2 da Circular Caixa n. 321, de 20 de maio de 2004;

Considerando a possibilidade da emissão da Guia de Recolhimento do FGTS e Informações à Previdência Social pelo aplicativo da Caixa Econômica Federal denominado "Sistema Empresa de Recolhimento do FGTS e Informações à Previdência Social – SEFIP" (GFIP emitida eletronicamente), conforme previsto no item 4.1.1 da Circular Caixa n. 321, de 20 de maio de 2004;

Considerando a inovação trazida pela Circular Caixa n. 321, de 20 de maio de 2004, item 10.4, autorizando o recolhimento do depósito recursal mediante a utilização da Guia de Recolhimento do FGTS e Informações à Previdência Social – GFIP, emitida pelo aplicativo "SEFIP" (GFIP emitida eletronicamente), sem prejuízo do uso da GFIP avulsa;

RESOLVEU expedir as seguintes instruções:

I – O depósito recursal previsto no art. 899 da CLT poderá ser efetuado mediante a utilização da Guia de Recolhimento do FGTS e Informações à Previdência Social – GFIP, gerada pelo aplicativo da Caixa Econômica Federal denominado "Sistema Empresa de Recolhimento do FGTS e Informações à Previdência Social – SEFIP" (GFIP emitida eletronicamente), conforme Anexo 1, ou por intermédio da GFIP avulsa, disponível no comércio e no sítio da Caixa Econômica Federal (Anexo 2).

II – A GFIP emitida eletronicamente, para fins de depósito recursal, ostentará no seu cabeçalho o seguinte título "Guia de Recolhimento para Fins de Recurso Junto à Justiça do Trabalho".

III – O empregador que fizer uso da GFIP gerada eletronicamente poderá efetuar o recolhimento do depósito judicial via Internet Banking ou diretamente em qualquer agência da Caixa Econômica Federal ou dos bancos conveniados.

IV – A comprovação da efetivação do depósito recursal, dar-se-á obrigatoriamente das seguintes formas:

a) No caso de pagamento efetuado em agências da Caixa Econômica Federal ou dos bancos conveniados, mediante a juntada aos autos da guia GFIP devidamente autenticada, e

b) na hipótese de recolhimento feito via Internet, com a apresentação do "Comprovante de Recolhimento/FGTS – via Internet Banking" (Anexo 3), bem como da Guia de Recolhimento para Fins de Recurso Junto à Justiça do Trabalho (Anexo 2), para confrontação dos respectivos códigos de barras, que deverão coincidir.

Sala de Sessões, 2 de setembro de 2004.

Valério Augusto Freitas do Carmo

Diretor-Geral de Coordenação Judiciária

Capítulo IV

Súmulas e Orientações Jurisprudenciais sobre Recursos

1 – AÇÕES DE ALÇADA

SÚMULA N. 71. ALÇADA (mantida) – Res. n. 121/2003, DJ 19, 20 e 21.11.2003

A alçada é fixada pelo valor dado à causa na data de seu ajuizamento, desde que não impugnado, sendo inalterável no curso do processo.

Histórico: Redação original – RA n. 69/1978, DJ 26.9.1978.

SÚMULA N. 356. ALÇADA RECURSAL. VINCULAÇÃO AO SALÁRIO MÍNIMO (mantida) – Res. n. 121/2003, DJ 19, 20 e 21.11.2003

O art. 2º, § 4º, da Lei n. 5.584, de 26.6.1970, foi recepcionado pela CF/1988, sendo lícita a fixação do valor da alçada com base no salário mínimo.

SÚMULA N. 365. ALÇADA. AÇÃO RESCISÓRIA E MANDADO DE SEGURANÇA (conversão das Orientações Jurisprudenciais ns. 8 e 10 da SBDI-1) – Res. 129/2005, DJ 20, 22 e 25.04.2005. Não se aplica a alçada em ação rescisória e em mandado de segurança. (ex-OJs ns. 8 e 10 da SBDI-1 – inseridas em 1º.2.1995).

2 – ADMISSIBILIDADE E CONHECIMENTO

SÚMULA N. 23. RECURSO – Não se conhece da revista ou dos embargos, quando a decisão recorrida resolver determinado item do pedido por diversos fundamentos, e a jurisprudência transcrita não abranger a todos.

SÚMULA N. 422. RECURSO. APELO QUE NÃO ATACA OS FUNDAMENTOS DA DECISÃO RECORRIDA. NÃO CONHECIMENTO. ART. 514, II, do CPC (conversão da Orientação Jurisprudencial n. 90 da SBDI-2) – Res. n. 137/ 2005, DJ 22, 23 e 24.8.2005

Não se conhece de recurso para o TST, pela ausência do requisito de admissibilidade inscrito no art. 514, II, do CPC, quando as razões do recorrente não impugnam os fundamentos da decisão recorrida, nos termos em que fora proposta. (ex-OJ n. 90 da SBDI-2 – inserida em 27.5.2002)

3 – AGRAVO DE INSTRUMENTO

OJ-SDI1T N. 16. AGRAVO DE INSTRUMENTO INTERPOSTO NA VIGÊNCIA DA LEI N. 9.756/1998 E ANTERIORMENTE À EDIÇÃO DA INSTRUÇÃO NORMATIVA N. 16/99 DO TST. TRASLADO DE PEÇAS. OBRIGATORIEDADE. Inserida em 13.2.2001

Não há como dizer que a exigência de traslado de peças necessárias ao julgamento de ambos os recursos (o agravo e o recurso principal) somente se tornou obrigatória após a edição da Instrução Normativa n. 16/1999, pois trata-se apenas de meio destinado à interpretação acerca das novas exigências que se tornaram efetivas a partir da vigência da Lei n. 9.756/ 1998.

OJ-SDI1T N. 17. AGRAVO DE INSTRUMENTO INTERPOSTO NA VIGÊNCIA DA LEI N. 9.756/1998. EMBARGOS DECLARATÓRIOS. Inserida em 13.2.2001

Para comprovar a tempestividade do recurso de revista, basta a juntada da certidão de publicação do acórdão dos embargos declaratórios opostos perante o Regional, se conhecidos.

OJ-SDI1T N. 18. AGRAVO DE INSTRUMENTO INTERPOSTO NA VIGÊNCIA DA LEI N. 9.756/1998. PEÇA INDISPENSÁVEL. CERTIDÃO DE PUBLICAÇÃO DO ACÓRDÃO REGIONAL. NECESSÁRIA A JUNTADA, SALVO SE NOS AUTOS HOUVER ELEMENTOS QUE ATESTEM A TEMPESTIVIDADE DA REVISTA. Inserida em 13.2.2001

A certidão de publicação do acórdão regional é peça essencial para a regularidade do traslado do agravo de instrumento, porque imprescindível para aferir a tempestividade do recurso de revista e para viabilizar, quando provido, seu imediato julgamento, salvo se nos autos houver elementos que atestem a tempestividade da revista.

OJ-SDI1T N. 19. AGRAVO DE INSTRUMENTO. INTERPOSTO NA VIGÊNCIA DA LEI N. 9.756/1998. PEÇAS DISPENSÁVEIS À COMPREENSÃO DA CONTROVÉRSIA. DESNECESSÁRIA A JUNTADA. Inserida em 13.2.2001

Mesmo na vigência da Lei n. 9.756/1998, a ausência de peças desnecessárias à compreensão da controvérsia, ainda que relacionadas no inciso I do § 5º do art. 897 da CLT, não implica o não conhecimento do agravo.

OJ-SDI1T N. 20. AGRAVO DE INSTRUMENTO. MINISTÉRIO PÚBLICO. PRESSUPOSTOS EXTRÍNSECOS. Inserida em 13.2.2001

Para aferição da tempestividade do AI interposto pelo Ministério Público, desnecessário o traslado da certidão de publicação do despacho agravado, bastando a juntada da cópia da intimação pessoal na qual conste a respectiva data de recebimento (Lei Complementar n. 75/1993, art. 84, IV).

OJ-SDI1T N. 21. AGRAVO DE INSTRUMENTO. TRASLADO. CERTIDÃO. INSTRUÇÃO NORMATIVA N. 6/1996 DO TST. Inserida em 13.2.2001

Certidão do Regional afirmando que o AI está formado de acordo com IN n. 6/1996 do TST não confere autenticidade às peças.

OJ-SDI1T N. 22. AUTENTICAÇÃO. DOCUMENTOS DISTINTOS. CÓPIA. VERSO E ANVERSO. NECESSIDADE. Inserida em 13.2.2001 (cancelada em face de sua conversão na Orientação Jurisprudencial n. 287 da SBDI-1 – DJ 24.11.2003)

Distintos os documentos contidos no verso e anverso, é necessária a autenticação de ambos os lados da cópia.

OJ-SDI1T N. 23. AUTENTICAÇÃO. DOCUMENTO ÚNICO. CÓPIA. VERSO E ANVERSO. Inserida em 13.2.2001

Inexistindo impugnação da parte contrária, bem como o disposto no art. 795 da CLT, é válida a autenticação aposta em uma face da folha que contenha documento que continua no verso, por constituir documento único.

OJ-SDI1T N. 52. AGRAVO DE INSTRUMENTO. ACÓRDÃO DO TRT NÃO ASSINADO. INTERPOSTO ANTERIORMENTE À INSTRUÇÃO NORMATIVA N. 16/1999. (conversão da Orientação Jurisprudencial n. 281 da SBDI-1, DJ 20.4.2005)

Nos agravos de instrumento interpostos anteriormente à edição da Instrução Normativa n. 16/1999, a ausência de assinatura na cópia não a torna inválida, desde que conste o carimbo aposto pelo servidor certificando que confere com o original.

OJ-SDI1T N. 374. AGRAVO DE INSTRUMENTO. REPRESENTAÇÃO PROCESSUAL. REGULARIDADE. PROCURAÇÃO OU SUBSTABELECIMENTO COM CLÁUSULA LIMITATIVA DE PODERES AO ÂMBITO DO TRIBUNAL REGIONAL DO TRABALHO. É regular a representação processual do subscritor do agravo de instrumento ou do recurso de revista que detém mandato com poderes de representação limitados ao âmbito do Tribunal Regional do Trabalho, pois, embora a apreciação desse recurso seja realizada pelo Tribunal Superior do Trabalho, a sua interposição é ato praticado perante o Tribunal Regional do Trabalho, circunstância que legitima a atuação do advogado no feito.

OJ-SDI2 N. 73. ART. 557 DO CPC. CONSTITUCIONALIDADE. Inserida em 8.11.2000

Não há como se cogitar da inconstitucionalidade do art. 557 do CPC, meramente pelo fato de a decisão ser exarada pelo Relator, sem a participação do Colegiado, porquanto o princípio da publicidade insculpido no inciso IX do art. 93 da CF/1988 não está jungido ao julgamento pelo Colegiado e sim o acesso ao processo pelas partes, seus advogados ou terceiros interessados, direito preservado pela Lei n. 9.756/1998, ficando, outrossim, assegurado o acesso ao Colegiado através de agravo.

4 – CUSTAS

SÚMULA N. 25. CUSTAS (mantida) – Res. n. 121/2003, DJ 19, 20 e 21.11.2003

A parte vencedora na primeira instância, se vencida na segunda, está obrigada, independentemente de intimação, a pagar as custas fixadas na sentença originária, das quais ficara isenta a parte então vencida.

SÚMULA N. 36. CUSTAS (mantida) – Res. n. 121/2003, DJ 19, 20 e 21.11.2003. Nas ações plúrimas as custas incidem sobre o respectivo valor global.

SÚMULA N. 53. CUSTAS (mantida) – Res. n. 121/2003, DJ 19, 20 e 21.11.2003. O prazo para pagamento das custas, no caso de recurso, é contado da intimação do cálculo.

SÚMULA N. 86. DESERÇÃO. MASSA FALIDA. EMPRESA EM LIQUIDAÇÃO EXTRAJUDICIAL (incorporada a Orientação Jurisprudencial n. 31 da SBDI-1) – Res. n. 129/2005, DJ 20, 22 e 25.04.2005. Não ocorre deserção de recurso da massa falida por falta de pagamento de custas ou de depósito do valor da condenação. Esse privilégio, todavia, não se aplica à empresa em liquidação extrajudicial.

SÚMULA N. 170. SOCIEDADE DE ECONOMIA MISTA. CUSTAS (mantida) – Res. n. 121/2003, DJ 19, 20 e 21.11.2003. Os privilégios e isenções no foro da Justiça do Trabalho não abrangem as sociedades de economia mista, ainda que gozassem desses benefícios anteriormente ao Decreto-Lei n. 779, de 21.8.1969 (ex-Prejulgado n. 50).

OJ-SDI1 N. 33. DESERÇÃO. CUSTAS. CARIMBO DO BANCO. VALIDADE. Inserida em 25.11.1996. O carimbo do banco recebedor na guia de comprovação do recolhimento das custas supre a ausência de autenticação mecânica.

OJ-SDI1 N. 104. CUSTAS. CONDENAÇÃO ACRESCIDA. INEXISTÊNCIA DE DESERÇÃO QUANDO AS CUSTAS NÃO SÃO EXPRESSAMENTE CALCULADAS E NÃO HÁ INTIMAÇÃO DA PARTE PARA O PREPARO DO RECURSO, DEVENDO, ENTÃO, SER AS CUSTAS PAGAS AO FINAL (redação alterada na sessão do Tribunal Pleno realizada em 17.11.2008) – Res. n. 150/2008, DJe divulgado em 20, 21 e 24.11.2008. Não caracteriza deserção a hipótese em que, acrescido o valor da condenação, não houve fixação ou cálculo do valor devido a título de custas e tampouco intimação da parte para o preparo do recurso, devendo, pois, as custas ser pagas ao final.

OJ-SDI2 N. 148. CUSTAS. MANDADO DE SEGURANÇA. RECURSO ORDINÁRIO. EXIGÊNCIA DO PAGAMENTO. (conversão da Orientação Jurisprudencial n. 29 da SBDI-1) – Res. n. 129/2005, DJ 20.4.2005. É responsabilidade da parte, para interpor recurso ordinário em mandado de segurança, a comprovação do recolhimento das custas processuais no prazo recursal, sob pena de deserção. (ex-OJ n. 29 – inserida em 20.9.2000)

OJ-SDI1T N. 53. CUSTAS. EMBARGOS DE TERCEIRO. INTERPOSTOS ANTERIORMENTE À LEI N. 10.537/2002. INEXIGÊNCIA DE RECOLHIMENTO PARA A INTERPOSIÇÃO DE AGRAVO DE PETIÇÃO. (conversão da Orientação Jurisprudencial n. 291 da SBDI-1, DJ 20.4.2005). Tratando-se de embargos de terceiro, incidentes em execução, ajuizados anteriormente à Lei n. 10.537/2002, incabível a exigência do recolhimento de custas para a interposição de agravo de petição por falta de previsão legal. (ex-OJ n. 291 da SBDI-1 – inserida em 11.8.2003)

OJ-SDI1 N. 409. MULTA POR LITIGÂNCIA DE MÁ-FÉ. RECOLHIMENTO. PRESSUPOSTO RECURSAL. INEXIGIBILIDADE. (DEJT divulgado em 22, 25 e 26.10.2010). O recolhimento do valor da multa imposta por litigância de má-fé, nos termos do art. 18 do CPC, não é pressuposto objetivo para interposição dos recursos de natureza trabalhista. Assim, resta inaplicável o art. 35 do CPC como fonte subsidiária, uma vez que, na Justiça do Trabalho, as custas estão reguladas pelo art. 789 da CLT.

OJ-SDI2 N. 88. MANDADO DE SEGURANÇA. CUSTAS PROCESSUAIS VALOR DA CAUSA. CABIMENTO. Inserida em 13.3.2002. Incabível a impetração de mandado de segurança contra ato judicial que, de ofício, arbitrou novo valor à causa, acarretando a majoração das custas processuais, uma vez que cabia à parte, após recolher as custas, calculadas com base no valor dado à causa na inicial, interpor recurso ordinário e, posteriormente, agravo de instrumento no caso de o recurso ser considerado deserto.

5 – DEPÓSITO RECURSAL

SÚMULA N. 128. DEPÓSITO RECURSAL (incorporadas as Orientações Jurisprudenciais ns. 139, 189 e 190 da SBDI-1) – Res. n. 129/2005, DJ 20, 22 e 25.4.2005. I – É ônus da parte recorrente efetuar o depósito legal, integralmente, em relação a cada novo recurso interposto, sob pena de deserção. Atingido o valor da condenação, nenhum depósito mais é exigido para qualquer recurso. (ex-Súmula n. 128 – alterada pela Res. n. 121/2003, DJ 21.11.2003, que incorporou a OJ n. 139 da SBDI-1 – inserida em 27.11.1998). II – Garantido o juízo, na fase executória, a exigência de depósito para recorrer de qualquer decisão viola os incisos II e LV do art. 5º da CF/1988. Havendo, porém, elevação do valor do débito, exige-se a complementação da garantia do juízo. (ex-OJ n. 189 da SBDI-1 – inserida em 8.11.2000)

III – Havendo condenação solidária de duas ou mais empresas, o depósito recursal efetuado por uma delas aproveita as demais, quando a empresa que efetuou o depósito não pleiteia sua exclusão da lide. (ex-OJ n. 190 da SBDI-1 – inserida em 8.11.2000)

SÚMULA N. 217. DEPÓSITO RECURSAL. CREDENCIAMENTO BANCÁRIO. PROVA DISPENSÁVEL (mantida) – Res. n. 121/2003, DJ 19, 20 e 21.11.2003

O credenciamento dos bancos para o fim de recebimento do depósito recursal é fato notório, independendo da prova.

SÚMULA N. 245. DEPÓSITO RECURSAL. PRAZO (mantida) – Res. n. 121/2003, DJ 19, 20 e 21.11.2003

O depósito recursal deve ser feito e comprovado no prazo alusivo ao recurso. A interposição antecipada deste não prejudica a dilação legal.

SÚMULA N. 424. RECURSO ADMINISTRATIVO. PRESSUPOSTO DE ADMISSIBILIDADE. DEPÓSITO PRÉVIO DA MULTA ADMINISTRATIVA. NÃO RECEPÇÃO PELA CONSTITUIÇÃO FEDERAL DO § 1º DO ART. 636 DA CLT – Res. n. 160/2009, DJe divulgado em 23, 24 e 25.11.2009

O § 1º do art. 636 da CLT, que estabelece a exigência de prova do depósito prévio do valor da multa cominada em razão de autuação administrativa como pressuposto de admissibilidade de recurso administrativo, não foi recepcionado pela Constituição Federal de 1988, ante a sua incompatibilidade com o inciso LV do art. 5º.

6 – DECISÃO INTERLOCUTÓRIA

SÚMULA N. 214. DECISÃO INTERLOCUTÓRIA. IRRECORRIBILIDADE (nova redação) – Res. n. 127/2005, DJ 14, 15 e 16.3.2005

Na Justiça do Trabalho, nos termos do art. 893, § 1º, da CLT, as decisões interlocutórias não ensejam recurso imediato, salvo nas hipóteses de decisão: a) de Tribunal Regional do Trabalho contrária à Súmula ou Orientação Jurisprudencial do Tribunal Superior do Trabalho; b) suscetível de impugnação mediante recurso para o mesmo Tribunal; c) que acolhe exceção de incompetência territorial, com a remessa dos autos para Tribunal Regional distinto daquele a que se vincula o juízo excepcionado, consoante o disposto no art. 799, § 2º, da CLT.

7 – EMBARGOS DE DECLARAÇÃO

SÚMULA N. 184. EMBARGOS DECLARATÓRIOS. OMISSÃO EM RECURSO DE REVISTA. PRECLUSÃO (mantida) – Res. n. 121/2003, DJ 19, 20 e 21.11.2003

Ocorre preclusão se não forem opostos embargos declaratórios para suprir omissão apontada em recurso de revista ou de embargos.

SÚMULA N. 278. EMBARGOS DE DECLARAÇÃO. OMISSÃO NO JULGADO (mantida) – Res. n. 121/2003, DJ 19, 20 e 21.11.2003. A natureza da omissão suprida pelo julgamento de embargos declaratórios pode ocasionar efeito modificativo no julgado.

SÚMULA N. 421. EMBARGOS DECLARATÓRIOS CONTRA DECISÃO MONOCRÁTICA DO RELATOR CALCADA NO ART. 557 DO CPC. CABIMENTO (conversão da Orientação Jurisprudencial n. 74 da SBDI-2) – Res. n. 137/2005, DJ 22, 23 e 24.8.2005. I – Tendo a decisão monocrática de provimento ou denegação de recurso, prevista no art. 557 do CPC, conteúdo decisório definitivo e conclusivo da lide, comporta ser esclarecida pela via dos embargos de declaração, em decisão aclaratória, também monocrática, quando se pretende tão somente suprir omissão e não, modificação do julgado. II – Postulando o embargante efeito modificativo, os embargos declaratórios deverão ser submetidos ao pronunciamento do Colegiado, convertidos em agravo, em face dos princípios da fungibilidade e celeridade processual. (ex-OJ n. 74 da SBDI-2 – inserida em 8.11.2000)

OJ-SDI1 N. 377. EMBARGOS DE DECLARAÇÃO. DECISÃO DENEGATÓRIA DE RECURSO DE REVISTA EXARADO POR PRESIDENTE DO TRT. DESCABIMENTO. NÃO INTERRUPÇÃO DO PRAZO RECURSAL. Não cabem embargos de declaração interpostos contra decisão de admissibilidade do recurso de revista, não tendo o efeito de interromper qualquer prazo recursal.

OJ-SDI2 N. 74. EMBARGOS DECLARATÓRIOS CONTRA DECISÃO MONOCRÁTICA DO RELATOR, CALCADA NO ART. 557 DO CPC. CABIMENTO. Inserida em 8.11.2000 – (cancelada em decorrência da sua conversão na Súmula n. 421 – DJ 22.8.2005).

I – Tendo o despacho monocrático de provimento ou denegação de recurso, previsto no art. 557 do CPC, conteúdo decisório definitivo e conclusivo da lide, comporta ser esclarecido pela via dos embargos declaratórios, em despacho aclaratório, também monocrático quando se pretende tão somente suprir omissão e não modificação do julgado.

II – Postulando o embargante efeito modificativo, os embargos declaratórios deverão ser submetidos ao pronunciamento do Colegiado, convertidos em agravo, em face dos princípios da fungibilidade e celeridade processual.

8 – EFEITO DEVOLUTIVO EM PROFUNDIDADE

SÚMULA N. 393. RECURSO ORDINÁRIO. EFEITO DEVOLUTIVO EM PROFUNDIDADE. ART. 515, § 1º, DO CPC (redação alterada pelo Tribunal Pleno na sessão realizada em 16.11.2010) – Res. n. 169/2010, DEJT divulgado em 19, 22 e 23.11.2010. O efeito devolutivo em profundidade do recurso ordinário, que se extrai do § 1º do art. 515 do CPC, transfere ao Tribunal a apreciação dos fundamentos da inicial ou da defesa, não examinados pela sentença, ainda que não renovados em contrarrazões. Não se aplica, todavia, ao caso de pedido não apreciado na sentença, salvo a hipótese contida no § 3º do art. 515 do CPC. Histórico: Redação original (conversão da Orientação Jurisprudencial n. 340 da SBDI-1) – Res. n. 129/2005 DJ 20, 22 e 25.4.2005.

9 – EFEITO SUSPENSIVO – MANDADO DE SEGURANÇA

OJ-SDI2 N. 113. AÇÃO CAUTELAR. EFEITO SUSPENSIVO AO RECURSO ORDINÁRIO EM MANDADO DE SEGURANÇA. INCABÍVEL. AUSÊNCIA DE INTERESSE. EXTINÇÃO. DJ 11.8.2003. É incabível medida cautelar para imprimir efeito suspensivo a recurso interposto contra decisão proferida em mandado de segurança, pois ambos visam, em última análise, à sustação do ato atacado. Extingue-se, pois, o processo, sem julgamento do mérito, por ausência de interesse de agir, para evitar que decisões judiciais conflitantes e inconciliáveis passem a reger idêntica situação jurídica.

10 – FATO SUPERVENIENTE

SÚMULA N. 394. ART. 462 DO CPC. FATO SUPERVENIENTE (conversão da Orientação Jurisprudencial n. 81 da SBDI-1) – Res. n. 129/2005, DJ 20, 22 e 25.4.2005

O art. 462 do CPC, que admite a invocação de fato constitutivo, modificativo ou extintivo do direito, superveniente à propositura da ação, é aplicável de ofício aos processos em curso em qualquer instância trabalhista. (ex-OJ n. 81 da SBDI-1 – inserida em 28.4.1997)

11 – FUNGIBILIDADE RECURSAL

OJ-SDI2 N. 69. FUNGIBILIDADE RECURSAL. INDEFERIMENTO LIMINAR DE AÇÃO RESCISÓRIA OU MANDADO DE SEGURANÇA. RECURSO PARA O TST. RECEBIMENTO COMO AGRAVO REGIMENTAL E DEVOLUÇÃO DOS AUTOS AO TRT. Inserida em 20.9.2000. Recurso ordinário interposto contra despacho monocrático indeferitório da petição inicial de ação rescisória ou de mandado de segurança pode, pelo princípio de fungibilidade recursal, ser recebido como agravo regimental. Hipótese de não conhecimento do recurso pelo TST e devolução dos autos ao TRT, para que aprecie o apelo como agravo regimental.

12 – JUNTADA DE DOCUMENTO

SÚMULA N. 8. JUNTADA DE DOCUMENTO

A juntada de documentos na fase recursal só se justifica quando provado o justo impedimento para sua oportuna apresentação ou se referir a fato posterior à sentença.

13 – PREQUESTIONAMENTO

SÚMULA N. 297. PREQUESTIONAMENTO. OPORTUNIDADE. CONFIGURAÇÃO (nova redação) – Res. n. 121/2003, DJ 19, 20 e 21.11.2003

I. Diz-se prequestionada a matéria ou questão quando na decisão impugnada haja sido adotada, explicitamente, tese a respeito. II. Incumbe à parte interessada, desde que a matéria haja sido invocada no recurso principal, opor embargos declaratórios objetivando o pronunciamento sobre o tema, sob pena de preclusão. III. Considera-se prequestionada a questão jurídica invocada no recurso principal sobre a qual se omite o Tribunal de pronunciar tese, não obstante opostos embargos de declaração.

OJ-SDI1 N. 62. PREQUESTIONAMENTO. PRESSUPOSTO DE ADMISSIBILIDADE EM APELO DE NATUREZA EXTRAORDINÁRIA. NECESSIDADE, AINDA QUE SE TRATE DE INCOMPETÊNCIA ABSOLUTA (republicada em decorrência de erro material) – DEJT divulgado em 23, 24 e 25.11.2010.

É necessário o prequestionamento como pressuposto de admissibilidade em recurso de natureza extraordinária, ainda que se trate de incompetência absoluta.

14 – REGULARIDADE DE REPRESENTAÇÃO – ADVOGADO – PROCURAÇÃO – MANDATO

SÚMULA N. 164. PROCURAÇÃO. JUNTADA (nova redação) – Res. n. 121/2003, DJ 19, 20 e 21.11.2003

O não cumprimento das determinações dos §§ 1° e 2° do art. 5° da Lei n. 8.906, de 4.7.1994 e do art. 37, parágrafo único, do Código de Processo Civil importa o não conhecimento de recurso, por inexistente, exceto na hipótese de mandato tácito.

SÚMULA N. 383. MANDATO. ARTS. 13 E 37 DO CPC. FASE RECURSAL. INAPLICABILIDADE (conversão das Orientações Jurisprudenciais ns. 149 e 311 da SBDI-1) – Res. n. 129/2005, DJ 20, 22 e 25.4.2005

I – É inadmissível, em instância recursal, o oferecimento tardio de procuração, nos termos do art. 37 do CPC, ainda que mediante protesto por posterior juntada, já que a interposição de recurso não pode ser reputada ato urgente. (ex-OJ n. 311 da SBDI-1 – DJ 11.08.2003)

II – Inadmissível na fase recursal a regularização da representação processual, na forma do art. 13 do CPC, cuja aplicação se restringe ao Juízo de 1° grau. (ex-OJ n. 149 da SBDI-1 – inserida em 27.11.1998)

SÚMULA N. 395. MANDATO E SUBSTABELECIMENTO. CONDIÇÕES DE VALIDADE (conversão das Orientações Jurisprudenciais ns. 108, 312, 313 e 330 da SBDI-1) – Res. n. 129/2005, DJ 20, 22 e 25.4.2005

I – Válido é o instrumento de mandato com prazo determinado que contém cláusula estabelecendo a prevalência dos poderes para atuar até o final da demanda. (ex-OJ n. 312 da SBDI-1 – DJ 11.8.2003)

II – Diante da existência de previsão, no mandato, fixando termo para sua juntada, o instrumento de mandato só tem validade se anexado ao processo dentro do aludido prazo. (ex-OJ n. 313 da SBDI-1 – DJ 11.8.2003)

III – São válidos os atos praticados pelo substabelecido, ainda que não haja, no mandato, poderes expressos para substabelecer (art. 667, e parágrafos, do Código Civil de 2002). (ex-OJ n. 108 da SBDI-1 – inserida em 1º.10.1997)

IV – Configura-se a irregularidade de representação se o substabelecimento é anterior à outorga passada ao substabelecente. (ex-OJ n. 330 da SBDI-1 – DJ 9.12.2003)

OJ-SDI1 N. 7. ADVOGADO. ATUAÇÃO FORA DA SEÇÃO DA OAB ONDE O ADVOGADO ESTÁ INSCRITO. AUSÊNCIA DE COMUNICAÇÃO. (LEI N. 4.215/1963, § 2º, ART. 56). INFRAÇÃO DISCIPLINAR. NÃO IMPORTA NULIDADE. (inserido dispositivo) – DJ 20.4.2005

A despeito da norma então prevista no art. 56, § 2º, da Lei n. 4.215/1963, a falta de comunicação do advogado à OAB para o exercício profissional em seção diversa daquela na qual tem inscrição não importa nulidade dos atos praticados, constituindo apenas infração disciplinar, que cabe àquela instituição analisar.

OJ-SDI1 N. 52. MANDATO. PROCURADOR DA UNIÃO, ESTADOS, MUNICÍPIOS E DISTRITO FEDERAL, SUAS AUTARQUIAS E FUNDAÇÕES PÚBLICAS. DISPENSÁVEL A JUNTADA DE PROCURAÇÃO. (LEI N. 9.469, DE 10 DE JULHO DE 1997). (inserido dispositivo e atualizada a legislação, DJ 20.4.2005)

A União, Estados, Municípios e Distrito Federal, suas autarquias e fundações públicas, quando representadas em juízo, ativa e passivamente, por seus procuradores, estão dispensadas da juntada de instrumento de mandato.

OJ-SDI1 N. 75. SUBSTABELECIMENTO SEM O RECONHECIMENTO DE FIRMA DO SUBSTABELECENTE. INVÁLIDO (ANTERIOR À LEI N. 8.952/1994). Inserida em 1º.2.1995 (inserido dispositivo, DJ 20.4.2005)

Não produz efeitos jurídicos recurso subscrito por advogado com poderes conferidos em substabelecimento em que não consta o reconhecimento de firma do outorgante. Entendimento aplicável antes do advento da Lei n. 8.952/1994.

OJ-SDI1 N. 371. IRREGULARIDADE DE REPRESENTAÇÃO. SUBSTABELECIMENTO NÃO DATADO. INAPLICABILIDADE DO ART. 654, § 1º, DO CÓDIGO CIVIL. DJe 3, 4 e 5.12.2008

Não caracteriza a irregularidade de representação a ausência da data da outorga de poderes, pois, no mandato judicial, ao contrário do mandato civil, não é condição de validade do negócio jurídico. Assim, a data a ser considerada é aquela em que o instrumento for juntado aos autos, conforme preceitua o art. 370, IV, do CPC. Inaplicável o art. 654, § 1º, do Código Civil.

OJ-SDI2 N. 151. AÇÃO RESCISÓRIA E MANDADO DE SEGURANÇA. IRREGULARIDADE DE REPRESENTAÇÃO PROCESSUAL VERIFICADA NA FASE RECURSAL. PROCURAÇÃO OUTORGADA COM PODERES ESPECÍFICOS PARA

AJUIZAMENTO DE RECLAMAÇÃO TRABALHISTA. VÍCIO PROCESSUAL INSANÁVEL. (DJe divulgado em 3, 4 e 5.12.2008)

A procuração outorgada com poderes específicos para ajuizamento de reclamação trabalhista não autoriza a propositura de ação rescisória e mandado de segurança, bem como não se admite sua regularização quando verificado o defeito de representação processual na fase recursal, nos termos da Súmula n. 383, item II, do TST.

OJ-SDI1 N. 373. REPRESENTAÇÃO. PESSOA JURÍDICA. PROCURAÇÃO. INVALIDADE. IDENTIFICAÇÃO DO OUTORGANTE E DE SEU REPRESENTANTE (redação alterada na sessão do Tribunal Pleno realizada em 16.11.2010 – IUJ-85600-06.2007.5.15.0000) – Res. n. 170/2010, DEJT divulgado em 19, 22 e 23.11.2010

É inválido o instrumento de mandato firmado em nome de pessoa jurídica que não contenha, pelo menos, o nome da entidade outorgante e do signatário da procuração, pois estes dados constituem elementos que os individualizam.

OJ-SDI1 N. 374. AGRAVO DE INSTRUMENTO. REPRESENTAÇÃO PROCESSUAL. REGULARIDADE. PROCURAÇÃO OU SUBSTABELECIMENTO COM CLÁUSULA LIMITATIVA DE PODERES AO ÂMBITO DO TRIBUNAL REGIONAL DO TRABALHO (DJe divulgado em 19, 20 e 22.4.2010)

É regular a representação processual do subscritor do agravo de instrumento ou do recurso de revista que detém mandato com poderes de representação limitados ao âmbito do Tribunal Regional do Trabalho, pois, embora a apreciação desse recurso seja realizada pelo Tribunal Superior do Trabalho, a sua interposição é ato praticado perante o Tribunal Regional do Trabalho, circunstância que legitima a atuação do advogado no feito.

OJ-SDI1T N. 65. REPRESENTAÇÃO JUDICIAL DA UNIÃO. ASSISTENTE JURÍDICO. APRESENTAÇÃO DO ATO DE DESIGNAÇÃO (DJe divulgado em 3, 4 e 5.12.2008). A ausência de juntada aos autos de documento que comprove a designação do assistente jurídico como representante judicial da União (art. 69 da Lei Complementar n. 73, de 10.2.1993) importa irregularidade de representação.

15 – RECURSO *FAC SIMILE*

SÚMULA N. 387. RECURSO. FAC-SÍMILE. LEI N. 9.800/1999 (inserido o item IV à redação) – Res. n. 174/2011, DEJT divulgado em 27, 30 e 31.5.2011

I – A Lei n. 9.800, de 26.5.1999, é aplicável somente a recursos interpostos após o início de sua vigência. (ex-OJ n. 194 da SBDI-1 – inserida em 8.11.2000)

II – A contagem do quinquídio para apresentação dos originais de recurso interposto por intermédio de fac-símile começa a fluir do dia subsequente ao término do prazo recursal, nos termos do art. 2º da Lei n. 9.800, de

26.5.1999, e não do dia seguinte à interposição do recurso, se esta se deu antes do termo final do prazo. (ex-OJ n. 337 da SBDI-1 – primeira parte – DJ 4.5.2004)

III – Não se tratando a juntada dos originais de ato que dependa de notificação, pois a parte, ao interpor o recurso, já tem ciência de seu ônus processual, não se aplica a regra do art. 184 do CPC quanto ao *dies a quo*, podendo coincidir com sábado, domingo ou feriado. (ex-OJ n. 337 da SBDI-1 – *in fine* – DJ 4.5.2004)

IV – A autorização para utilização do fac-símile, constante do art. 1º da Lei n. 9.800, de 26.5.1999, somente alcança as hipóteses em que o documento é dirigido diretamente ao órgão jurisdicional, não se aplicando à transmissão ocorrida entre particulares.

16 – REMESSA DE OFÍCIO – FAZENDA PÚBLICA

SÚMULA N. 303. FAZENDA PÚBLICA. DUPLO GRAU DE JURISDIÇÃO (incorporadas as Orientações Jurisprudenciais ns. 9, 71, 72 e 73 da SBDI-1) – Res. n. 129/2005, DJ 20, 22 e 25.4.2005

I – Em dissídio individual, está sujeita ao duplo grau de jurisdição, mesmo na vigência da CF/1988, decisão contrária à Fazenda Pública, salvo:

a) quando a condenação não ultrapassar o valor correspondente a 60 (sessenta) salários mínimos;

b) quando a decisão estiver em consonância com decisão plenária do Supremo Tribunal Federal ou com súmula ou orientação jurisprudencial do Tribunal Superior do Trabalho. (ex-Súmula n. 303 – alterada pela Res. n. 121/2003, DJ 21.11.2003)

II – Em ação rescisória, a decisão proferida pelo juízo de primeiro grau está sujeita ao duplo grau de jurisdição obrigatório quando desfavorável ao ente público, exceto nas hipóteses das alíneas "a" e "b" do inciso anterior. (ex-OJ n. 71 da SBDI-1 – inserida em 3.6.1996)

III – Em mandado de segurança, somente cabe remessa *ex officio* se, na relação processual, figurar pessoa jurídica de direito público como parte prejudicada pela concessão da ordem. Tal situação não ocorre na hipótese de figurar no feito como impetrante e terceiro interessado pessoa de direito privado, ressalvada a hipótese de matéria administrativa. (ex-OJs ns. 72 e 73 da SBDI-1 – inseridas, respectivamente, em 25.11.1996 e 3.6.1996)

OJ-SDI2 N. 75. REMESSA DE OFÍCIO. AÇÃO RESCISÓRIA. PREQUESTIONAMENTO. DECISÃO REGIONAL QUE SIMPLESMENTE CONFIRMA A SENTENÇA. Inserida em 20.4.2001 – (cancelada em decorrência da nova redação conferida à Súmula n. 298 – DJ 22.8.2005)

Para efeito de ação rescisória, considera-se prequestionada a matéria tratada na sentença quando, examinando remessa de ofício, o Tribunal simplesmente a confirma.

OJ-SDI2 N. 21. AÇÃO RESCISÓRIA. DUPLO GRAU DE JURISDIÇÃO. TRÂNSITO EM JULGADO. INOBSERVÂNCIA. DECRETO-LEI N. 779/1969, ART. 1º, V. INCABÍVEL. Inserida em 20.9.2000 (nova redação – DJ 22.8.2005)

É incabível ação rescisória para a desconstituição de sentença não transitada em julgado porque ainda não submetida ao necessário duplo grau de jurisdição, na forma do Decreto-Lei n. 779/1969. Determina-se que se oficie ao Presidente do TRT para que proceda à avocatória do processo principal para o reexame da sentença rescindenda.

17 – RECURSO ADESIVO

SÚMULA N. 283. RECURSO ADESIVO. PERTINÊNCIA NO PROCESSO DO TRABALHO. CORRELAÇÃO DE MATÉRIAS (mantida) – Res. n. 121/2003, DJ 19, 20 e 21.11.2003

O recurso adesivo é compatível com o processo do trabalho e cabe, no prazo de 8 (oito) dias, nas hipóteses de interposição de recurso ordinário, de agravo de petição, de revista e de embargos, sendo desnecessário que a matéria nele veiculada esteja relacionada com a do recurso interposto pela parte contrária.

18 – RECURSO ORDINÁRIO

SÚMULA N. 158. RECURSO ORDINÁRIO – AÇÃO RESCISÓRIA (mantida) – Res. 121/2003, DJ 19, 20 e 21.11.2003. Da decisão de Tribunal Regional do Trabalho, em ação rescisória, é cabível recurso ordinário para o Tribunal Superior do Trabalho, em face da organização judiciária trabalhista (ex--Prejulgado n. 35).

SÚMULA N. 201. RECURSO ORDINÁRIO EM MANDADO DE SEGURANÇA (mantida) – Res. n. 121/2003, DJ 19, 20 e 21.11.2003. Da decisão de Tribunal Regional do Trabalho em mandado de segurança cabe recurso ordinário, no prazo de 8 (oito) dias, para o Tribunal Superior do Trabalho, e igual dilação para o recorrido e interessados apresentarem razões de contrariedade.

OJ-SDI1 N. 70. RECURSO ORDINÁRIO. RECLAMAÇÃO CORREICIONAL – CABIMENTO. Inserida em 13.9.1994 (convertida na Orientação Jurisprudencial n. 5 do Tribunal Pleno, DJ 20.4.2005). Não cabe recurso ordinário contra decisão de agravo regimental interposto em reclamação correicional.

19 – RECURSO DE REVISTA

SÚMULA N. 126. RECURSO. CABIMENTO (mantida) – Res. n. 121/2003, DJ 19, 20 e 21.11.2003. Incabível o recurso de revista ou de embargos (arts. 896 e 894, "b", da CLT) para reexame de fatos e provas. Histórico: Redação original – RA 84/1981, DJ 6.10.1981 n. 126. Incabível o recurso de revista ou de embargos (arts. 896 e 894, letra "b" da CLT) para reexame de fatos e provas.

SÚMULA N. 218. RECURSO DE REVISTA. ACÓRDÃO PROFERIDO EM AGRAVO DE INSTRUMENTO (mantida) – Res. n. 121/2003, DJ 19, 20 e 21.11.2003

É incabível recurso de revista interposto de acórdão regional prolatado em agravo de instrumento.

SÚMULA N. 221. RECURSOS DE REVISTA OU DE EMBARGOS. VIOLAÇÃO DE LEI. INDICAÇÃO DE PRECEITO. INTERPRETAÇÃO RAZOÁVEL (incorporada a Orientação Jurisprudencial n. 94 da SBDI-1) – Res. n. 129/2005, DJ 20, 22 e 25.4.2005

I – A admissibilidade do recurso de revista e de embargos por violação tem como pressuposto a indicação expressa do dispositivo de lei ou da Constituição tido como violado. (ex-OJ n. 94 da SBDI-1 – inserida em 30.5.1997)

II – Interpretação razoável de preceito de lei, ainda que não seja a melhor, não dá ensejo à admissibilidade ou ao conhecimento de recurso de revista ou de embargos com base, respectivamente, na alínea "c" do art. 896 e na alínea "b" do art. 894 da CLT. A violação há de estar ligada à literalidade do preceito. (ex-Súmula n. 221 – alterada pela Res. n. 121/2003, DJ 21.11.2003)

SÚMULA N. 266. RECURSO DE REVISTA. ADMISSIBILIDADE. EXECUÇÃO DE SENTENÇA (mantida) – Res. n. 121/2003, DJ 19, 20 e 21.11.2003

A admissibilidade do recurso de revista interposto de acórdão proferido em agravo de petição, na liquidação de sentença ou em processo incidente na execução, inclusive os embargos de terceiro, depende de demonstração inequívoca de violência direta à Constituição Federal.

SÚMULA N. 285. RECURSO DE REVISTA. ADMISSIBILIDADE PARCIAL PELO JUIZ-PRESIDENTE DO TRIBUNAL REGIONAL DO TRABALHO. EFEITO (mantida) – Res. n. 121/2003, DJ 19, 20 e 21.11.2003

O fato de o juízo primeiro de admissibilidade do recurso de revista entendê--lo cabível apenas quanto a parte das matérias veiculadas não impede a apreciação integral pela Turma do Tribunal Superior do Trabalho, sendo imprópria a interposição de agravo de instrumento.

SÚMULA N. 296. RECURSO. DIVERGÊNCIA JURISPRUDENCIAL. ESPECIFICIDADE (incorporada a Orientação Jurisprudencial n. 37 da SBDI-1) – Res. n. 129/2005, DJ 20, 22 e 25.04.2005

I – A divergência jurisprudencial ensejadora da admissibilidade, do prosseguimento e do conhecimento do recurso há de ser específica, revelando a existência de teses diversas na interpretação de um mesmo dispositivo legal, embora idênticos os fatos que as ensejaram. (ex-Súmula n. 296 – Res. n. 6/1989, DJ 19.4.1989)

II – Não ofende o art. 896 da CLT decisão de Turma que, examinando premissas concretas de especificidade da divergência colacionada no apelo revisional, conclui pelo conhecimento ou desconhecimento do recurso. (ex-OJ n. 37 da SBDI-1 – inserida em 1º.2.1995)

SÚMULA N. 297. PREQUESTIONAMENTO. OPORTUNIDADE. CONFIGURAÇÃO (nova redação) – Res. n. 121/2003, DJ 19, 20 e 21.11.2003

I. Diz-se prequestionada a matéria ou questão quando na decisão impugnada haja sido adotada, explicitamente, tese a respeito.

II. Incumbe à parte interessada, desde que a matéria haja sido invocada no recurso principal, opor embargos declaratórios objetivando o pronunciamento sobre o tema, sob pena de preclusão.

III. Considera-se prequestionada a questão jurídica invocada no recurso principal sobre a qual se omite o Tribunal de pronunciar tese, não obstante opostos embargos de declaração.

SÚMULA N. 333. RECURSOS DE REVISTA. CONHECIMENTO – DECISÃO SUPERADA (alterada) – Res. n. 155/2009, DJ 26 e 27.2.2009 e 2.3.2009

Não ensejam recurso de revista decisões superadas por iterativa, notória e atual jurisprudência do Tribunal Superior do Trabalho.

SÚMULA N. 337. COMPROVAÇÃO DE DIVERGÊNCIA JURISPRUDENCIAL. RECURSOS DE REVISTA E DE EMBARGOS (redação alterada pelo Tribunal Pleno em sessão realizada em 16.11.2010, em decorrência da inclusão dos itens III e IV) – Res. n. 173/2010, DEJT divulgado em 19, 22 e 23.11.2010

I – Para comprovação da divergência justificadora do recurso, é necessário que o recorrente:

a) Junte certidão ou cópia autenticada do acórdão paradigma ou cite a fonte oficial ou o repositório autorizado em que foi publicado; e

b) Transcreva, nas razões recursais, as ementas e/ou trechos dos acórdãos trazidos à configuração do dissídio, demonstrando o conflito de teses que justifique o conhecimento do recurso, ainda que os acórdãos já se encontrem nos autos ou venham a ser juntados com o recurso. (ex-Súmula n. 337 – alterada pela Res. n. 121/2003, DJ 21.11.2003)

II – A concessão de registro de publicação como repositório autorizado de jurisprudência do TST torna válidas todas as suas edições anteriores. (ex-OJ n. 317 da SBDI-1 – DJ 11.8.2003)

III – A mera indicação da data de publicação, em fonte oficial, de aresto paradigma é inválida para comprovação de divergência jurisprudencial, nos termos do item I, "a", desta súmula, quando a parte pretende demonstrar o conflito de teses mediante a transcrição de trechos que integram a fundamentação do acórdão divergente, uma vez que só se publicam o dispositivo e a ementa dos acórdãos;

IV – É válida para a comprovação da divergência jurisprudencial justificadora do recurso a indicação de aresto extraído de repositório oficial na internet, sendo necessário que o recorrente transcreva o trecho divergente e aponte o sítio de onde foi extraído com a devida indicação do endereço do respectivo conteúdo na rede (URL – Universal Resource Locator)

SÚMULA N. 353. EMBARGOS. AGRAVO. CABIMENTO (incorporada a Orientação Jurisprudencial n. 293 da SBDI-1 com nova redação como letra "f") – Res. n. 171/2010, DEJT divulgado em 19, 22 e 23.11.2010

Não cabem embargos para a Seção de Dissídios Individuais de decisão de Turma proferida em agravo, salvo: a) da decisão que não conhece de agravo de instrumento ou de agravo pela ausência de pressupostos extrínsecos; b) da decisão que nega provimento a agravo contra decisão monocrática do Relator, em que se proclamou a ausência de pressupostos extrínsecos de agravo de instrumento; c) para revisão dos pressupostos extrínsecos de admissibilidade do recurso de revista, cuja ausência haja sido declarada originariamente pela Turma no julgamento do agravo; d) para impugnar o conhecimento de agravo de instrumento; e) para impugnar a imposição de multas previstas no art. 538, parágrafo único, do CPC, ou no art. 557, § 2º, do CPC; f) contra decisão de Turma proferida em Agravo interposto de decisão monocrática do relator, baseada no art. 557, § 1º-A, do CPC. (ex--OJ n. 293 da SBDI-1 com nova redação)

OJ-SDI1 N. 95. EMBARGOS PARA SDI. DIVERGÊNCIA ORIUNDA DA MESMA TURMA DO TST. INSERVÍVEL. Inserida em 30.5.1997

ERR 125.320/1994, SDI-Plena. Em 19.5.1997, a SDI-Plena, por maioria, decidiu que acórdãos oriundos da mesma Turma, embora divergentes, não fundamentam divergência jurisprudencial de que trata a alínea "b", do art. 894 da Consolidação das Leis do Trabalho para embargos à Seção Especializada em Dissídios Individuais, Subseção I.

OJ-SDI2 N. 152. AÇÃO RESCISÓRIA E MANDADO DE SEGURANÇA. RECURSO DE REVISTA DE ACÓRDÃO REGIONAL QUE JULGA AÇÃO RESCISÓRIA OU MANDADO DE SEGURANÇA. PRINCÍPIO DA FUNGIBILIDADE. INAPLICABILIDADE. ERRO GROSSEIRO NA INTERPOSIÇÃO DO RECURSO. (DJe divulgado em 3, 4 e 5.12.2008)

A interposição de recurso de revista de decisão definitiva de Tribunal Regional do Trabalho em ação rescisória ou em mandado de segurança, com fundamento em violação legal e divergência jurisprudencial e remissão expressa ao art. 896 da CLT, configura erro grosseiro, insuscetível de autorizar o seu recebimento como recurso ordinário, em face do disposto no art. 895, "b", da CLT.

OJ-SDI1 N. 378. EMBARGOS. INTERPOSIÇÃO CONTRA DECISÃO MONOCRÁTICA. NÃO CABIMENTO (DEJT divulgado em 19, 20 e 22.4.2010)

Não encontra amparo no art. 894 da CLT, quer na redação anterior quer na redação posterior à Lei n. 11.496, de 22.6.2007, recurso de embargos interposto à decisão monocrática exarada nos moldes dos arts. 557 do CPC e 896, § 5º, da CLT, pois o comando legal restringe seu cabimento à pretensão de reforma de decisão colegiada proferida por Turma do Tribunal Superior do Trabalho.

20 – TEMPESTIVIDADE

SÚMULA N. 1. PRAZO JUDICIAL. Quando a intimação tiver lugar na sexta-feira, ou a publicação com efeito de intimação for feita nesse dia, o prazo judicial será contado da segunda-feira imediata, inclusive, salvo se não houver expediente, caso em que fluirá no dia útil que se seguir.

SÚMULA N. 16. NOTIFICAÇÃO. Presunção de recebimento. Presume-se recebida a notificação 48 (quarenta e oito) horas depois de sua postagem. O seu não recebimento ou a entrega após o decurso desse prazo constitui ônus de prova do destinatário.

SÚMULA N. 30. INTIMAÇÃO DA SENTENÇA (mantida) – Res. n. 121/2003, DJ 19, 20 e 21.11.2003

Quando não juntada a ata ao processo em 48 horas, contadas da audiência de julgamento (art. 851, § 2º, da CLT), o prazo para recurso será contado da data em que a parte receber a intimação da sentença.

SÚMULA N. 197. PRAZO (mantida) – Res. n. 121/2003, DJ 19, 20 e 21.11.2003

O prazo para recurso da parte que, intimada, não comparecer à audiência em prosseguimento para a prolação da sentença conta-se de sua publicação.

SÚMULA N. 262. PRAZO JUDICIAL. NOTIFICAÇÃO OU INTIMAÇÃO EM SÁBADO. RECESSO FORENSE (incorporada a Orientação Jurisprudencial n. 209 da SBDI-1) – Res. n. 129/2005, DJ 20, 22 e 25.04.2005

I – Intimada ou notificada a parte no sábado, o início do prazo se dará no primeiro dia útil imediato e a contagem, no subsequente. (ex-Súmula n. 262 – Res. n. 10/1986, DJ 31.10.1986) II – O recesso forense e as férias coletivas dos Ministros do Tribunal Superior do Trabalho (art. 177, § 1º, do RITST) suspendem os prazos recursais. (ex-OJ n. 209 da SBDI-1 – inserida em 8.11.2000)

SÚMULA N. 385. FERIADO LOCAL. AUSÊNCIA DE EXPEDIENTE FORENSE. PRAZO RECURSAL. PRORROGAÇÃO. COMPROVAÇÃO. NECESSIDADE (conversão da Orientação Jurisprudencial n. 161 da SBDI-1) – Res. n. 129/2005, DJ 20, 22 e 25.4.2005

Cabe à parte comprovar, quando da interposição do recurso, a existência de feriado local ou de dia útil em que não haja expediente forense, que justifique a prorrogação do prazo recursal. (ex-OJ n. 161 da SBDI-1 – inserida em 26.3.1999)

OJ-SDI1T N. 20. TEMPESTIVIDADE AGRAVO DE INSTRUMENTO MINISTÉRIO PÚBLICO. PRESSUPOSTOS EXTRÍNSECOS. Inserida em 13.2.2001. Para aferição da tempestividade do AI interposto pelo Ministério Público, desnecessário o traslado da certidão de publicação do despacho agravado, bastando a juntada da cópia da intimação pessoal na qual conste a respectiva data de recebimento (Lei Complementar n. 75/1993, art. 84, IV).

Capítulo V

Testes sobre Recursos

1 – (Magistratura do Trabalho – 1ª Região – 2004)
Analisando as proposições abaixo:

I – O princípio da *non reformatio in pejus* não é adotado expressamente pelo CPC, mas é largamente aceito pela doutrina;

II – o referido princípio não tem o condão de alcançar as questões consideradas de ordem pública, conhecíveis de ofício em qualquer grau de jurisdição;

III – segundo entendimento dominante, deve ser inteiramente anulada a sentença que proferiu julgamento *ultra petita;*

IV – ante o princípio da transcendência, o ato nulo que não for arguido no tempo oportuno terminará por se convalidar;

V – é cabível mandado de segurança para extinguir execução fundada em sentença proferida em ação de cumprimento, quando excluída da sentença normativa a cláusula que lhe serviu de sustentáculo.

Assinale:

( ) a) se apenas I, II e V são verdadeiras;

( ) b) se apenas II, III e IV são verdadeiras;

( ) c) se apenas I, III e IV são verdadeiras;

( ) d) se apenas I e II são verdadeiras;

( ) e) se apenas III, IV e V são verdadeiras.

2 – (Magistratura do Trabalho – 1ª Região – 2004)
O empregador reclamado, sucumbente, interpõe recurso ordinário no quinto dia do prazo, sem comprovação de realização do depósito recursal. Assinale a alternativa correta, a ser adotada pelo juiz

PROLATOR DA SENTENÇA ATACADA, CONSIDERANDO QUE OS DEMAIS PRESSUPOSTOS PROCESSUAIS ESTÃO PRESENTES:

( ) a) deverá negar seguimento ao recurso, por deserto;

( ) b) deverá determinar a intimação para suprir o vício no prazo de cinco dias;

( ) c) deverá dar seguimento ao recurso, se feito e comprovado o depósito no prazo recursal de oito dias;

( ) d) não deverá conhecer do recurso, por deserto;

( ) e) deverá conhecer do recurso, em face do duplo grau de jurisdição, constitucionalmente assegurado.

3 – (Magistratura do Trabalho – 3ª Região – 2009)
Analise as proposições abaixo e, considerando as disposições contidas na Consolidação das Leis do Trabalho e no Código de Processo Civil, bem como no entendimento jurisprudencial sumulado, assinale a alternativa correta:

I – O sistema recursal trabalhista é informado pelos seguintes princípios, dentre outros: unirrecorribilidade, fungibilidade, irrecorribilidade das decisões interlocutórias, sucumbência e proibição da *reformatio in pejus.*

II – O princípio da dialeticidade, segundo Nelson Nery Junior, é o que informa que o recurso deve ser dialético, ou seja, discursivo, devendo o recorrente declinar o porquê do pedido de reexame da decisão.

III – O recurso interposto de decisão normativa da Justiça do Trabalho terá efeito suspensivo, na medida e extensão conferidas em despacho do Presidente do Tribunal Superior do Trabalho.

IV – Os recursos trabalhistas serão interpostos por simples petição e terão efeito meramente devolutivo, salvo as exceções previstas em lei, permitida a execução provisória até a penhora.

V – O efeito devolutivo em profundidade do recurso ordinário, que se extrai do § 1º do art. 515 do CPC, transfere automaticamente ao Tribunal a apreciação de fundamento da defesa não examinado pela sentença, ainda que não renovado em contrarrazões. Não se aplica, todavia, ao caso de pedido não apreciado na sentença.

( ) a) São verdadeiras as proposições I, II, III, IV e V.

( ) b) São falsas as proposições I, II, IV e V.

( ) c) São falsas as proposições II e V.

( ) d) Apenas a proposição IV é falsa e as demais são verdadeiras.

( ) e) Apenas a proposição II é falsa e as demais são verdadeiras.

4 – (Magistratura do Trabalho – 7ª Região – 2005)
Analise as proposições abaixo e assinale a opção correta.

I – O efeito translativo, inerente ao recurso de apelação, é aplicável, supletivamente, ao recurso ordinário, permitindo, assim, que questões suscitadas e discutidas pelas partes, ainda que não apreciadas integralmente pela sentença, possam ser examinadas pelo Tribunal.

II – São pressupostos extrínsecos do recurso ordinário a legitimidade, a capacidade e o interesse.

III – As decisões interlocutórias, no processo do trabalho, não desafiam recurso imediato. Tratando-se, porém, de decisão que acolhe exceção da incompetência em razão do lugar, a jurisprudência pacificada no âmbito do Tribunal Superior do Trabalho admite a imediata interposição de recurso, quando o juízo excepcionado estiver vinculado a Tribunal Regional diverso daquele prolator da decisão.

IV – Em reclamação trabalhista movida em face da União, houve condenação desta no valor exato de R$ 18.000,00 (dezoito mil reais). Não tendo as partes interposto recurso ordinário, conclui-se, à luz da jurisprudência prevalente no Tribunal Superior do Trabalho, que a referida sentença transitou em julgado.

( ) a) Estão corretar as proposições I e III, sendo falsas as demais.

( ) b) Estão corretas as proposições I, III e IV, e falsa a II.

( ) c) Estão corretas as proposições I e IV e falsas as demais.

( ) d) Estão corretas as proposições I, II e IV e falsa a III.

( ) e) Estão corretas as proposições II e III e falsas as demais.

5 – (Magistratura do Trabalho – 8ª Região – 2007)
A sistemática recursal trabalhista apresenta algumas peculiaridades que ensejam resultados mais vantajosos para o trâmite processual, por representar caráter dinâmico e flexível para os recursos laborais. Das alternativas abaixo assinale a que não se coaduna com o processo do trabalho, por não integrar sua construção ideológica básica:

( ) a) Em regra, a irrecorribilidade imediata das decisões interlocutórias.

( ) b) A existência de simultaneidade na interposição de recursos, bem como a sucessividade recursal, em decorrência dos princípios da celeridade e fungibilidade.

( ) c) O recurso ordinário é dotado apenas de efeito devolutivo, permitindo-se a execução provisória até a constrição do bem.

( ) d) Das decisões de execução de suspeição não caberá recurso imediato.

( ) e) Em caso de sucumbência recíproca, se o reclamante interpor recurso ordinário e o reclamado aforar embargos de declaração com pedido de efeito modificativo e sendo este acolhido modificando-se o julgado, ao reclamante será facultado interpor novo recurso ordinário ou até aditar o recurso anterior.

6 – (Magistratura do Trabalho – 12ª Região – 2006)
Assinale a alternativa incorreta, em sede processual trabalhista:

( ) a) não havendo condenação em pecúnia na sentença, para o processamento do recurso ordinário é desnecessário o depósito recursal do valor arbitrado à condenação para efeitos de custas.

( ) b) em caso de fechamento da empresa, a realização de perícia visando a apurar a insalubridade não é obrigatória.

( ) c) garantido o juízo, na fase executória, a exigência de depósito para recorrer é inconstitucional.

( ) d) a comprovação do depósito recursal deve ser feita simultaneamente com o recurso ordinário e o protocolo antecipado deste em relação ao prazo final não autoriza a comprovação em momento diferente por razões de celeridade da marcha processual.

( ) e) sempre que houver litisconsórcio passivo, o depósito recursal para fins de interposição de recurso ordinário em sentença condenatória só precisa ser efetuado por um dos reclamados quando a empresa que efetuou o depósito não pleitear sua exclusão da lide.

7 – (Magistratura do Trabalho – 16ª Região – 2008)
Carlos ajuizou reclamação trabalhista alegando que foi despedido sem justa causa, apesar de ser dirigente sindical e detentor de estabilidade no emprego. Em sede de tutela antecipada requereu sua imediata reintegração. O magistrado que recebeu o processo entendeu presentes as condições legais e, antes do julgamento do mérito, deferiu a antecipação pleiteada, determinando a imediata reintegração do trabalhador, sob pena de multa diária de R$ 5.000,00. Considerando as características e princípios que regem o sistema recursal trabalhista, bem como o posicionamento do TST sobre a matéria, analise as seguintes afirmações:

I – O reclamado poderá interpor recurso imediato contra a decisão que deferiu a tutela, valendo-se dos princípios constitucionais do devido processo legal e duplo grau de jurisdição;

II – O reclamado não poderá questionar judicialmente a decisão do magistrado, haja vista o princípio da irrecorribilidade das decisões interlocutórias que rege o Processo do Trabalho;

III – O reclamado terá, necessariamente, que aguardar a sentença, oportunidade em que poderá questionar não apenas o teor da própria decisão de mérito, como a tutela antecipada;

IV – O reclamado poderá interpor imediatamente mandado de segurança contra a decisão interlocutória, visando a suspensão de seus efeitos;

V – O reclamado poderá interpor imediatamente ação cautelar contra a decisão interlocutória, visando a suspensão de seus efeitos.

Agora responda:

( ) a) Apenas as afirmativas I e II estão corretas;

( ) b) Apenas as afirmativas II e III estão corretas;

( ) c) Apenas a alternativa IV está correta;

( ) d) Apenas as alternativas IV e V estão corretas;

( ) e) Apenas as afirmativas I e V estão corretas.

8 – (MAGISTRATURA DO TRABALHO – 18ª REGIÃO – 2006)
ASSINALE A ALTERNATIVA INCORRETA DE ACORDO COM A JURISPRUDÊNCIA SUMULADA DO TST.

( ) a) Havendo recurso ordinário em sede de rescisória, o depósito recursal só é exigível quando for julgado procedente o pedido e imposta condenação em pecúnia, devendo este ser efetuado no prazo recursal, no limite e nos termos da legislação vigente, sob pena de deserção.

( ) b) O depósito recursal é exigível mesmo quando não há condenação a pagamento em pecúnia.

( ) c) É ônus da parte recorrente efetuar o depósito legal, integralmente, em relação a cada novo recurso interposto, sob pena de deserção, e uma vez atingido o valor da condenação, nenhum depósito mais é exigido para qualquer recurso.

( ) d) Garantido o juízo, na fase executória, não é exigível depósito para recorrer, mas havendo elevação do valor do débito, exige-se a complementação da garantia do juízo.

( ) e) Havendo condenação solidária de duas ou mais empresas, o depósito recursal efetuado por uma delas aproveita as demais, quando a empresa que efetuou o depósito não pleiteia sua exclusão da lide.

9 – (MAGISTRATURA DO TRABALHO – 21ª REGIÃO – 2005)
CONSIDERADAS AS AFIRMAÇÕES ABAIXO, MARQUE A LETRA QUE CONTÉM A RESPOSTA CORRETA:

I – O depósito recursal é devido pelo empregador, como garantia do juízo recursal, e, segundo entendimento Sumulado do Tribunal Superior do Trabalho, constitui ônus da parte recorrente efetuá-lo, integralmente, em relação a cada novo recurso interposto, sob pena de deserção. Atingido o valor da condenação, nenhum depósito mais é exigido para qualquer recurso. Outrossim, que, havendo condenação solidária de duas ou mais empresas, o depósito recursal efetuado por uma delas aproveita às demais, quando a empresa que efetuou o depósito não pleiteia sua exclusão da lide.

II – Sobre o depósito recursal na fase de execução, entende o Tribunal Superior do Trabalho, por sua súmula de jurisprudência, que, estando garantido o juízo, a exigência de depósito para recorrer de qualquer decisão viola o princípio da legalidade e o direito à ampla defesa, previstos na Constituição da República de 1988. Havendo, porém, elevação do valor do débito, exige-se a complementação da garantia do juízo.

III – Cabe recurso ordinário, no prazo de oito dias, contra acórdãos proferidos pelos Tribunais Regionais do Trabalho somente em mandado de segurança, ação rescisória e dissídio coletivo.

IV – O efeito devolutivo em profundidade do recurso ordinário, assimilado da apelação prevista no Código de Processo Civil, permite ao Tribunal, em respeito ao princípio da economia processual, examinar, por ocasião do julgamento do recurso, pedido não apreciado na sentença.

V – Para viabilizar o exame da tempestividade do recurso, cabe à parte comprovar, quando da interposição, a existência de feriado local ou de dia útil em que não haja expediente forense, que justifique a prorrogação do prazo recursal. Outrossim, o prazo para recurso da parte que, intimada, não compareceu à audiência em prosseguimento para a prolação da sentença, conta-se de sua publicação.

( ) a) I e III estão corretas.

( ) b) II e IV estão erradas.

( ) c) III e IV estão erradas.

( ) d) IV e V estão corretas.

( ) e) somente II e V estão corretas.

10 – (MINISTÉRIO PÚBLICO DO TRABALHO – 14º)
ASSINALE A ALTERNATIVA CORRETA:

( ) a) Se o recorrente provar justo impedimento, tem o juiz de relevar a pena de deserção, dispensando o preparo.

( ) b) No caso de inversão do ônus da sucumbência em segundo grau, sem acréscimo ou atualização do valor das custas e se estas já foram devidamente recolhidas, descabe um novo pagamento pela parte vencida, ao recorrer.

( ) c) É ônus da parte recorrente efetuar o depósito recursal legal, integralmente, em relação a cada novo recurso interposto, sem que haja limite, sob pena de deserção.

( ) d) Às sociedade de economia mista é assegurada a isenção do recolhimento de custas processuais, conforme Decreto-Lei n. 779/1969.

( ) e) Não respondida.

11 – (Ministério Público do Trabalho – 14º)
SEGUNDO A JURISPRUDÊNCIA DO TRIBUNAL SUPERIOR DO TRABALHO, NO QUE DIZ RESPEITO AOS RECURSOS NO PROCESSO DO TRABALHO:

I – Na Justiça do Trabalho, as decisões interlocutórias não ensejam recurso imediato, salvo nas hipóteses de decisão: de Tribunal Regional do Trabalho contrária à Súmula ou Orientação Jurisprudencial do Tribunal Superior do Trabalho; suscetível de impugnação mediante recurso para o mesmo Tribunal; ou que acolhe exceção de incompetência territorial, com a remessa dos autos para Tribunal Regional distinto daquele a que se vincula o juízo excepcionado.

II – O juízo de admissibilidade é feito tanto no juízo *a quo*, como no juízo *ad quem*. Aposição do primeiro não vincula o segundo, pois se o juízo de primeiro grau entender que não cabe recurso por determinado fundamento, nada impede que o Tribunal examine a mesma questão por motivo, inclusive, de hierarquia.

III – Em nenhuma hipótese serve ao conhecimento de recurso de revista aresto divergente oriundo de mesmo Tribunal Regional do Trabalho.

IV – O efeito devolutivo do recurso ordinário transfere automaticamente ao Tribunal a apreciação de fundamento de defesa não examinado pela sentença, salvo se não renovado em contrarrazões.

De acordo com as proposições acima, pode-se afirmar que:

( ) a) todas as alternativas são corretas;

( ) b) apenas a alternativa IV está errada;

( ) c) apenas as alternativas I, III e IV estão erradas;

( ) d) apenas as alternativas I e II estão corretas;

( ) e) não respondida.

12 – (Ministério Público do Trabalho – 13º)
SEGUNDO JURISPRUDÊNCIA CONSOLIDADA DO TRIBUNAL SUPERIOR DO TRABALHO, É **INCORRETO** AFIRMAR QUE:

( ) a) o efeito devolutivo em profundidade do recurso ordinário transfere automaticamente ao Tribunal a apreciação de fundamento da defesa mão examinado pela sentença, ainda que não renovado em contrarrazões, não se aplicando, todavia, ao caso de pedido não apreciado na sentença;

( ) b) a regra que prevê o prazo em dobro para recurso de litisconsortes com procuradores distintos não se aplica ao processo do do trabalho;

( ) c) as sociedades de economia mista possuem prazo em dobro para interposição de embargos declaratórios;

( ) d) a União, Estados, Municípios, Distrito Federal, suas autarquias e fundações públicas, quando representadas em juízo por seus procuradores, estão dispensadas da juntada de instrumento de mandato;

( ) e) Não respondida.

13 – (MAGISTRATURA DO TRABALHO – 18ª REGIÃO – 2006)
ASSINALE A ALTERNATIVA INCORRETA DE ACORDO COM A JURISPRUDÊNCIA SUMULADA DO TST.

( ) a) Em dissídio individual, toda decisão contrária a Fazenda Pública está sujeita ao duplo grau de jurisdição.

( ) b) A alçada é fixada pelo valor dado à causa na data de seu ajuizamento, desde que não impugnado, sendo inalterável no curso do processo.

( ) c) Salvo se versarem sobre matéria constitucional, nenhum recurso caberá das sentenças proferidas nos dissídios que tenham valor de causa inferior a dois salários mínimos.

( ) d) Não se aplica a alçada em ação rescisória e em mandado de segurança.

( ) e) Em mandado de segurança, somente cabe remessa *ex officio* se, na relação processual, figurar pessoa jurídica de direito público como parte prejudicada pela concessão da ordem; tal situação não ocorre na hipótese de figurar no feito como impetrante e terceiro interessado pessoa de direito privado, ressalvada a hipótese de matéria administrativa.

14 – (MAGISTRATURA DO TRABALHO – 1ª REGIÃO – 2004)
SENDO INDEFERIDOS EMBARGOS À EXECUÇÃO, POR INTEMPESTIVOS, ENTENDENDO O EMBARGANTE QUE FORAM TEMPESTIVOS, DEVE IMPUGNAR A DECISÃO:

( ) a) por recurso ordinário, face à natureza de ação dos embargos;

( ) b) por agravo de petição, por ser decisão do juiz em execução;

( ) c) por agravo de instrumento, face à natureza interlocutória da decisão;

( ) d) por mandado de segurança, face ao abuso de autoridade;

( ) e) por reclamação correicional, face ao erro do procedimento.

15 – (MAGISTRATURA DO TRABALHO – 1ª REGIÃO – 2004)
ANALISE AS PROPOSIÇÕES ABAIXO E ASSINALE A OPÇÃO CORRETA:

I – A regra disposta no art. 557, do CPC, que autoriza, nas hipóteses ali versadas, decisão monocrática do Relator, não se aplica ao recurso de revista.

II – O recurso de Revista é cabível contra decisões proferidas pelos Tribunais Regionais do Trabalho, em grau de recurso ordinário, em sede de dissídio individual. Admite-se, também, recurso de revista contra decisões proferidas pelos Tribunais Regionais ou suas Turmas, em sede de execução de sentença, inclusive em incidentes como a ação de embargos de terceiro, desde que haja direta violação à lei federal ou à Constituição Federal.

III – O dissenso jurisprudencial acerca da interpretação do dispositivo de lei federal que autoriza a interposição do recurso de revista deve ocorrer entre o mesmo ou outro Tribunal Regional, através do Pleno ou de Turmas; ou em relação à Seção de Dissídios Individuais do Tribunal Superior do Trabalho ou em relação à súmula de jurisprudência uniforme dessa Corte.

IV – Havendo divergência jurisprudencial entre os órgãos judiciais descritos em lei, admite-se recurso de revista quando a interpretação recair sobre convenção coletiva de trabalho ou regulamento de empresa, desde que referidas normas tenham abrangência superior ao limite de jurisdição do tribunal prolator da decisão.

( ) a) Há apenas uma proposição correta.

( ) b) Há apenas duas proposições corretas.

( ) c) Há apenas três proposições corretas.

( ) d) Não há proposições corretas.

( ) e) As quatro proposições estão corretas.

16 – (Magistratura do Trabalho – 8ª Região – 2009)
Sobre embargos declaratórios, é incorreto afirmar:

( ) a) É passível de nulidade decisão que acolhe embargos declaratórios com efeito modificativo sem oportunidade para a parte contrária se manifestar.

( ) b) A pessoa jurídica de direito público tem prazo em dobro para a interposição de embargos declaratórios.

( ) c) Ocorre preclusão se não forem opostos embargos declaratórios para suprir omissão apontada em recurso de revista.

( ) d) A natureza da omissão suprida pelo julgamento de embargos declaratórios pode ocasionar efeito modificativo no julgado.

( ) e) Cabem embargos declaratórios contra a decisão monocrática do Relator, de denegação ou provimento de recurso, por seu conteúdo decisório definitivo e conclusivo da lide, que serão submetidos ao pronunciamento do colegiado, convertidos em agravo, mesmo quando o embargante não postular efeito modificativo.

17 – (MAGISTRATURA DO TRABALHO – 8ª REGIÃO – 2006)
RELATIVAMENTE AO RECURSO DE REVISTA É CORRETO AFIRMAR QUE:

( ) a) O recurso de revista – recurso de natureza extraordinária – é cabível para uma das Turmas do Tribunal Superior do Trabalho das decisões terminativas proferidas em dissídio individual ou coletivo, pelos Tribunais Regionais do Trabalho. Destina-se a uniformizar a jurisprudência ou restabelecer norma nacional violada, e não admite o exame de fatos ou provas. É incabível contra acórdão regional proferido em agravo de instrumento.

( ) b) O recurso de revista não se presta à observância do duplo grau de jurisdição. Sua interposição não exige o simples fato de sucumbência, tal como ocorre com os recursos de natureza ordinária. O Ministro Relator pode negar seguimento ao recurso de revista nas hipóteses de intempestividade, deserção, falta de alçada e ilegitimidade de representação, ou ainda por estar a decisão recorrida em consonância com Súmula da Jurisprudência do Tribunal Superior do Trabalho. A divergência apta a ensejar recurso de revista deve ser atual.

( ) c) A divergência jurisprudencial ensejadora da admissibilidade, do prosseguimento e do conhecimento do recurso de revista há de ser específica, revelando a existência de teses diversas na interpretação de um mesmo dispositivo legal, embora idênticos os fatos que as ensejaram. Daí a necessidade de demonstrar essa divergência para o Órgão julgador. Se não constar da decisão, compete à parte prequestioná-la. Diz-se prequestionada a matéria quando na decisão impugnada haja sido adotada, implicitamente, tese a respeito. Incumbe à parte interessada interpor embargos declaratórios objetivando o pronunciamento acerca do tema, sob pena de preclusão.

( ) d) Havendo condenação solidária de duas ou mais empresas, o depósito recursal efetuado por uma delas aproveita às demais, mesmo quando a empresa que efetuou o depósito pleiteia sua exclusão da lide.

( ) e) Caberá recurso de revista das decisões proferidas nos embargos de terceiro, apresentados nas execuções, quando houver violação literal de disposição de lei federal.

18 – (MAGISTRATURA DO TRABALHO – 9ª REGIÃO – 2006)
SEGUNDO ENTENDIMENTO SUMULADO DO TRIBUNAL SUPERIOR DO TRABALHO, PARA SUPRIR A EXIGÊNCIA DE PREQUESTIONAMENTO DA MATÉRIA PARA FINS DE INTERPOSIÇÃO DE RECURSO DE REVISTA, FAZ-SE NECESSÁRIO QUE:

( ) a) A matéria tenha sido alegada pela parte em qualquer de suas petições, mesmo que sem o pronunciamento da decisão impugnada.

( ) b) A decisão impugnada tenha adotado tese explícita a seu respeito, ou que tenha sido suscitada em embargos de declaração, desde que antes invocada no recurso principal.

( ) c) A parte levante o questionamento com o devido fundamento legal, por ocasião da interposição do recurso de revista, desde que antes tenha arguida a questão em sua petição inicial.

( ) d) A petição inicial ou a contestação tenham expressamente levantado a questão com seus fundamentos legais, sob pena de preclusão, mesmo que ausente da decisão impugnada.

( ) e) A matéria tenha sido alegada pela parte em qualquer momento processual, inclusive nas razões finais.

19 – (MAGISTRATURA DO TRABALHO – 9ª REGIÃO – 2006)
COM RELAÇÃO AOS RECURSOS NO PROCESSO DO TRABALHO, ASSINALE A ALTERNATIVA INCORRETA:

( ) a) Não se conhece de recurso de revista ou de embargos, se a decisão recorrida resolver determinado item do pedido por diversos fundamentos e a jurisprudência transcrita não abranger a todos.

( ) b) É incabível recurso de revista interposto de acórdão regional prolatado em agravo de instrumento.

( ) c) A admissibilidade do recurso de revista e de embargos por violação tem como pressuposto a indicação expressa do dispositivo de lei ou da Constituição tido como violado.

( ) d) O fato de o juízo primeiro de admissibilidade do recurso de revista entendê-lo cabível apenas quanto a parte das matérias veiculadas não impede a apreciação integral pela Turma do TST, sendo imprópria a interposição de agravo de instrumento.

( ) e) A contagem do quinquídio para apresentação dos originais de recurso interposto por intermédio de fac-símile começa a fluir no dia seguinte à interposição do recurso, mesmo que esta tenha se dado antes do termo final do prazo recursal.

20 – (MAGISTRATURA DO TRABALHO – 11ª REGIÃO – 2007) – FCC
DISTRIBUÍDA A AÇÃO TRABALHISTA PARA UMA DAS VARAS DO TRABALHO DE MANAUS (11ª REGIÃO) O RECLAMADO APRESENTOU EXCEÇÃO DE INCOMPETÊNCIA EM RAZÃO DO LUGAR, ACOLHIDA PELO JUIZ, QUE DETERMINOU A REMESSA DOS AUTOS PARA UMA DAS VARAS DO TRABALHO DE JUNDIAÍ (15ª REGIÃO). CONSIDERADA ESSA SITUAÇÃO HIPOTÉTICA E O ENTENDIMENTO SUMULADO PELO TRIBUNAL SUPERIOR DO TRABALHO, É CORRETO AFIRMAR:

( ) a) O reclamante poderá interpor, desde logo, recurso ordinário para que o Tribunal Regional do Trabalho da 11ª Região reexamine a questão da competência em razão do lugar.

( ) b) O reclamante só poderá atacar a questão da competência por ocasião do recurso interposto contra a decisão final, pois não se admite o recurso contra a decisão final, pois não se admite o recurso imediato contra as decisões interlocutórias.

( ) c) O reclamante poderá interpor, desde logo, recurso ordinário para que o Tribunal Regional do Trabalho da 15ª Região reexamine a questão da competência em razão de lugar.

( ) d) Não poderia o juiz ter acolhido a exceção de incompetência em razão de lugar, pois essa espécie de competência é relativa, sendo admissível sua prorrogação.

( ) e) A incompetência em razão do lugar deve ser apontada em preliminar, na própria contestação, e não sob a forma de exceção.

21 – (Magistratura do Trabalho – 12ª Região – 2006)
No acórdão publicado pelo Tribunal Regional do Trabalho foi reformada a sentença de primeiro grau para reconhecer o vínculo de emprego e determinar o retorno dos autos à origem para julgamento do mérito dos demais pedidos da inicial. Qual recurso caberia dessa decisão?

( ) a) recurso de revista;

( ) b) agravo de instrumento;

( ) c) agravo regimental;

( ) d) agravo retido;

( ) e) nenhuma das alternativas anteriores.

22 – (Magistratura do Trabalho – 16ª Região – 2008)
Julgue os itens abaixo:

I – Em caso de embargos de declaração, quando o embargante requer efeito modificativo, os embargos declaratórios deverão ser submetidos ao pronunciamento do Colegiado, convertidos em agravo, em face dos princípios da celeridade processual e fungibilidade.

II – O juiz ou o Tribunal condenará o embargante a pagar ao embargado multa não excedente de 1% (um por cento) sobre o valor da causa se declarar que são manifestamente protelatórios os embargos de declaração. Na reiteração de embargos protelatórios, a multa é elevada a até 10% (dez por cento), ficando condicionada a interposição de qualquer outro recurso ao depósito do respectivo valor.

III – Ocorrerá preclusão se não forem opostos embargos declaratórios para suprir omissão apontada em recurso de revista ou de embargos.

IV – Se a decisão monocrática de provimento ou denegação de recurso, prevista no art. 557 do CPC, tiver conteúdo decisório definitivo e conclusivo da lide, comporta ser esclarecida pela via dos embargos de declaração, em decisão aclaratória, também monocrática, quando se pretende tão somente suprir omissão e não, modificação do julgado.

Agora responda:

( ) a) Todas as assertivas estão corretas;

( ) b) Todas as assertivas estão incorretas;

( ) c) Somente I e II estão corretas;

( ) d) Somente II e III estão corretas;

( ) e) Somente I e III estão corretas.

23 – (Magistratura do Trabalho – 18ª Região – 2006)
A MP n. 2.226, de 4 de setembro de 2001, introduziu na CLT o art. 896-A, determinando que o TST examine previamente, no recurso de revista, "se a causa oferece transcendência". A respeito, considere as assertivas abaixo e assinale a alternativa correta.

I – A transcendência é aferida de acordo com os reflexos gerais de natureza econômica, política, social ou jurídica.

II – A transcendência é aferida somente com os reflexos gerais de natureza econômica e política.

III – O dispositivo mencionado foi revogado.

IV – Caberá ao TST regulamentar, em seu regimento interno, o processamento da transcendência do recurso de revista, assegurada a apreciação da transcendência em sessão pública, com direito a sustentação oral e fundamentação da decisão.

V – A inconstitucionalidade do referido dispositivo foi declarada pelo STF, no julgamento da ADI n. 2.527-9.

( ) a) apenas a primeira é correta.

( ) b) apenas a segunda é correta.

( ) c) apenas as assertivas I e IV são corretas.

( ) d) apenas a assertiva III é correta.

( ) e) apenas a última é correta.

24 – (Magistratura do Trabalho 18ª Região – 2006)
Assinale a alternativa incorreta de acordo com a jurisprudência Sumulada do TST.

( ) a) Não se conhece de recurso de revista ou de embargos, se a decisão recorrida resolver determinado item do pedido por diversos fundamentos e a jurisprudência transcrita não abranger a todos.

( ) b) É incabível o recurso de revista ou de embargos para reexame de fatos e provas.

( ) c) Ocorre preclusão se não forem opostos embargos declaratórios para suprir omissão apontada em recurso de revista ou de embargos.

( ) d) Na Justiça do Trabalho as decisões interlocutórias nunca ensejam recurso imediato.

( ) e) A admissibilidade do recurso de revista interposto de acórdão proferido em agravo de petição, na liquidação de sentença em processo incidente na execução, inclusive os embargos de terceiro, depende de demonstração inequívoca de violência direta à Constituição Federal.

25 – (MAGISTRATURA DO TRABALHO – 18ª REGIÃO – 2006)
SEGUNDO O ENTENDIMENTO SUMULADO DO TRIBUNAL SUPERIOR DO TRABALHO, É INCORRETO AFIRMAR:

( ) a) O recurso adesivo é cabível em agravo de petição.

( ) b) O recurso adesivo é cabível em recurso ordinário.

( ) c) O recurso adesivo é cabível em agravo de instrumento.

( ) d) O recurso adesivo é cabível no recurso de revista.

( ) e) O recurso adesivo é cabível em recurso de embargos.

26 – (MAGISTRATURA DO TRABALHO – 20ª REGIÃO – 2003)
O RECURSO DE REVISTA, UMA VEZ INTERPOSTO NA FORMA DA LEI, É APRESENTADO NO TRIBUNAL REGIONAL DO TRABALHO PROLATOR DA DECISÃO RECORRIDA E O SEU CABIMENTO É EXAMINADO EM DESPACHO FUNDAMENTADO PELA PRESIDÊNCIA DA REFERIDA CORTE, CABENDO AGRAVO DE INSTRUMENTO DA DECISÃO QUE DENEGAR SEGUIMENTO AO RECURSO. PARA EFEITO DA COMPROVAÇÃO DA DIVERGÊNCIA JUSTIFICADORA DA REVISTA, É NECESSÁRIO QUE O RECORRENTE JUNTE CERTIDÃO OU CÓPIA AUTENTICADA DO ACÓRDÃO PARADIGMA OU CITE A FONTE OFICIAL OU REPOSITÓRIO AUTORIZADO EM QUE FOI PUBLICADO, E, ALÉM DISSO, QUE TRANSCREVA, EM SUA PETIÇÃO RECURSAL, AS EMENDAS E/OU TRECHOS DOS ACÓRDÃOS APRESENTADOS À CONFIGURAÇÃO DO DISSÍDIO, MENCIONANDO AS TESES QUE IDENTIFIQUEM OS CASOS CONFRONTADOS, AINDA QUE OS ACÓRDÃOS JÁ SE ENCONTREM NOS AUTOS OU VENHAM A SER JUNTADOS COM O RECURSO.

( ) a) a proposição é correta;

( ) b) a proposição é incorreta, porque da decisão do juiz presidente do Regional que denega seguimento a recurso de revista não cabe agravo de instrumento;

( ) c) a proposição está incorreta, porque o juiz presidente do Regional não tem competência para examinar o cabimento e pressupostos da revista, sendo essa competência do juiz corregedor;

( ) d) a proposição é incorreta, porque o tribunal *a quo* não realiza juízo de admissibilidade de recurso de revista;

( ) e) a proposição é incorreta, porque é desnecessário que o recorrente transcreva, em sua petição recursal, as emendas e/ou trechos dos acórdãos apresentados à configuração do dissídio, mencionando as teses que identifiquem os casos confrontados, se os acórdãos já se encontram nos autos ou venham a ser juntados com o recurso.

27 – (MAGISTRATURA DO TRABALHO 21ª REGIÃO – 2005)
LEIA O ENUNCIADO ABAIXO E ASSINALE, EM SEGUIDA, A ALTERNATIVA CORRETA, CONSIDERANDO A JURISPRUDÊNCIA SUMULADA DO TRIBUNAL SUPERIOR DO TRABALHO.

Examinando reclamação trabalhista proposta por servidor público em face de ente municipal, relativamente a direitos oriundos do período celetista, acolheu o Juiz do Trabalho a prejudicial de prescrição, em vista do transcurso do biênio contado a partir da data da mudança do regime. A parte reclamante interpôs recurso ordinário ao Tribunal Regional do Trabalho, que considerou que a transformação de regime não provocou ruptura da relação jurídica do trabalho, pelo que não havia lugar para contagem prescricional. O acórdão, portanto, acolheu a tese do postulante e, afastando a prescrição pronunciada, determinou o retorno dos autos ao Juízo de origem para proceder a novo julgamento, a fim de se examinar os demais aspectos do mérito da pretensão. Dessa decisão, o Município apresentou recurso de revista ao Tribunal Superior do Trabalho.

( ) a) o recurso de revista não é cabível, uma vez que a decisão do Tribunal Regional é meramente interlocutória, o que contraria a regra inscrita no § 1º do art. 893 da CLT, que consagra o princípio da irrecorribilidade imediata das decisões interlocutórias;

( ) b) somente é possível a interposição de recurso de revista contra decisões não terminativas dos Tribunais Regionais do Trabalho, em casos que envolvam prescrição;

( ) c) as decisões interlocutórias no Processo do Trabalho não ensejam recurso de imediato, salvo quanto à decisão que acolhe exceção de incompetência territorial, ainda assim, desde que haja ordem de remessa para Juízo distinto do trabalhista;

( ) d) o recurso de revista é cabível, eis que a decisão do Tribunal Regional, apesar de interlocutória, é contrária à jurisprudência uniformizada do Tribunal Superior do Trabalho;

( ) e) o recurso de revista, é, em tese, cabível, já que envolve matéria eminentemente jurídica, não violando o princípio do duplo grau de jurisdição, de acordo com as normas processuais vigentes.

28 – Magistratura do Trabalho – 21ª Região – 2005)
Com relação aos embargos declaratórios no âmbito do Direito Processual do Trabalho, é incorreto afirmar:

( ) a) podem ser opostos contra sentenças ou acórdãos, no prazo de cinco dias;

( ) b) a sua interposição suspende o prazo recursal;

( ) c) quando tenham por objeto pedido de efeito modificativo no julgado, ensejam, obrigatoriamente, oportunidade para manifestação da parte contrária;

( ) d) quando intempestivos, não produzem efeitos sobre o prazo para interposição de recurso cabível;

( ) e) admitem efeito modificativo para afastar a intempestividade de recursos ou qualquer outro requisito extrínseco destes.

29 – (Magistratura do Trabalho – 23ª Região – 2009)
Analise os itens e marque a alternativa correta:

O recurso adesivo no Processo do Trabalho

I – não poderá ser manejado quando a parte, mesmo sem ter ciência daquele do litigante contrário, desiste do recurso principal que havia interposto.

II – poderá ser utilizado ainda que a parte já tenha interposto o seu recurso principal.

III – não deverá ser conhecido se embutido em contrarrazões.

IV – não deverá ser conhecido se interposto em face do recurso do litisconsorte que figura no mesmo polo da relação processual.

( ) a) Apenas os itens I e IV são verdadeiros.

( ) b) Apenas os itens I e III são verdadeiros.

( ) c) Apenas os itens I e II são falsos.

( ) d) Todos os itens são verdadeiros.

( ) e) Todos os itens são falsos.

30 – (Magistratura do Trabalho – 24ª Região – 2006)
Quanto aos recursos no Processo do Trabalho, assinale a incorreta:

( ) a) Cabe recurso ordinário para a instância superior, das decisões definitivas dos Tribunais Regionais, em processos de sua competência originária, no prazo de oito dias, quer nos dissídios individuais, quer nos dissídios coletivos.

( ) b) Nas reclamações sujeitas ao procedimento sumaríssimo, o recurso ordinário será imediatamente distribuído, uma vez recebido no Tribunal, devendo o relator liberá-lo no prazo máximo de 10 dias, e a Secretaria do Tribunal ou Turma colocá-lo imediatamente em pauta para julgamento, sem revisor.

( ) c) Os Tribunais Regionais, divididos em Turmas, poderão designar Turma para o julgamento dos recursos ordinários interpostos das sentenças prolatadas nas demandas sujeitas ao procedimento sumaríssimo.

( ) d) O Recurso de Revista, dotado de efeito apenas devolutivo, será apresentado ao Presidente do Tribunal recorrido, que poderá recebê-lo ou denegá-lo, fundamentando em qualquer caso, a decisão.

( ) e) Das decisões proferidas pelos Tribunais Regionais do Trabalho ou por suas Turmas, em execução de sentença, inclusive em processo incidente de embargos de terceiro, não caberá Recurso de Revista, em nenhuma hipótese.

31 – (MINISTÉRIO PÚBLICO DO TRABALHO – 16º)
ASSINALE A ALTERNATIVA CORRETA:

( ) a) nas causas sujeitas ao procedimento sumaríssimo, somente será admitido recurso de revista por contrariedade a súmula de jurisprudência uniforme do Tribunal Superior do Trabalho e violação direta da Constituição da República, sendo cabível conhecer, de ofício, nessa fase recursal, da incompetência absoluta, sem necessidade de prequestionamento.

( ) b) no Tribunal Superior do Trabalho cabem embargos, no prazo de 8 (oito) dias, das decisões das Turmas que divergem entre si, ou das decisões proferidas pela seção de Dissídios Individuais, salvo se a decisão recorrida estiver em consonância com súmula ou orientação jurisprudencial do Tribunal Superior do Trabalho ou do Supremo Tribunal Federal.

( ) c) as decisões interlocutórias não ensejam recurso de imediato, salvo em hipóteses específicas, para evitar preclusão, como é o caso da decisão regional que, superando a preliminar de carência da ação arguida na defesa de empresa privada, declara existente o vínculo de emprego e determina o retorno dos autos à Vara do Trabalho, para julgar o restante do mérito.

( ) d) não é cabível recurso de revista de ente público que não interpôs recurso ordinário voluntário da decisão de primeira instância, mesmo que tenha sido agravada, na segunda instância, a condenação imposta, em face de preclusão.

( ) e) não respondida.

32 – (MINISTÉRIO PÚBLICO DO TRABALHO – 11º)
EM TERMOS DE RECURSOS NO PROCESSO DO TRABALHO, É CORRETO DIZER:

( ) a) cabem embargos de declaração da sentença ou acórdão, no prazo de cinco dias, podendo gerar efeito modificativo da decisão, nos casos de omissão e contradição no julgado e manifesto equívoco no exame de pressupostos extrínsecos do recurso.

( ) b) Nas ações sujeitas ao procedimento sumaríssimo, o recurso ordinário deve ser distribuído em 15 dias e não terá revisor.

( ) c) a interposição de recurso para o Supremo Tribunal Federal suspende a execução do julgado.

( ) d) de acordo com a jurisprudência uniformizada do Tribunal Superior do Trabalho, se os embargos declaratórios objetivarem sanar omissão no julgado, será sempre nula a decisão se não for dada oportunidade à parte contrária para se manifestar previamente.

( ) e) não respondida.

33 – (Magistratura do Trabalho – 9ª Região – 2007)
Quanto à correição parcial, considere as seguintes assertivas

I – Não pode o Corregedor Regional indeferir, liminarmente, a petição inicial de correição parcial.

II – Contra a decisão proferida pelo Corregedor-Geral no Tribunal Superior do Trabalho caberá agravo regimental para o Tribunal Pleno, no prazo de oito dias.

III – A correição parcial pode ser utilizada para corrigir ato que contenha vício de atividade ou vício de juízo.

IV – A reclamação correicional ou correição parcial não são previstas no Código de Processo Civil ou na Consolidação das Leis do Trabalho, sendo integralmente regulamentadas nos regimentos internos do Tribunal Superior do Trabalho e dos Tribunais Regionais do Trabalho.

Assinale a alternativa correta

( ) a) Apenas as assertivas II e IV estão corretas.

( ) b) Apenas as assertivas I, II e IV estão corretas.

( ) c) Apenas a assertiva II está correta.

( ) d) Apenas as assertivas II, III e IV estão corretas.

( ) e) Nenhuma assertiva está correta.

34 – Magistratura do Trabalho – 23ª Região – 4/2011
No que tange aos recursos no Processo do Trabalho é correto dizer que:

( ) a) Estão dispensadas do preparo recursal as empresas em recuperação judicial ou em regime de falência;

( ) b) As fundações públicas estão isentas de realizar o recolhimento das custas processuais, exceto se explorarem atividade econômica;

( ) c) A Empresa Brasileira de Correios e Telégrafos não goza de prazo em dobro para recorrer, mas está dispensada do recolhimento do depósito recursal;

( ) d) Havendo condenação solidária de várias empresas, se uma delas efetuar o depósito recursal as demais estarão automaticamente dispensadas de fazê-lo;

( ) e) O depósito recursal sempre deverá ser feito na conta vinculada do FGTS do trabalhador.

35 – Magistratura do Trabalho – 15ª Região – XXV concurso – 4/2011
A executada foi condenada a pagar diferenças de adicional de insalubridade, que o juízo entendeu ter sido calculado sobre a remuneração. A decisão transitou em julgado. Posteriormente, o Supremo Tribunal Federal editou a Súmula Vinculante n. 4 e adotou o posicionamento de que, conquanto referido adicional não pudesse ser calculado sobre o salário mínimo, não é da competência do Poder Judiciário a fixação de sua base de cálculo. Citada para pagar, a executada depositou o valor para garantia do Juízo, com a finalidade de apresentar sua irresignação. Assinale a alternativa correta quanto ao procedimento a ser adotado:

( ) a) agravo de petição, no prazo de 8 (oito) dias contados da intimação da garantia do juízo, medida na qual poderá discutir todas as matérias vinculadas à liquidação e à execução;

( ) b) embargos à execução, no prazo de 5 (cinco) dias contados da intimação da garantia do juízo, medida na qual só poderá alegar o cumprimento parcial da decisão e a incorreção do valor apurado em liquidação;

( ) c) embargos à execução, no prazo de 5 (cinco) dias contados da garantia do juízo, medida na qual poderá alegar, entre outras matérias, a inexigibilidade do título judicial fundado em interpretação tida por incompatível com a Constituição pelo Supremo Tribunal Federal;

( ) d) transitada em julgado a sentença, a executada só poderá questionar o valor apurado e fixado na sentença de liquidação, por meio de embargos à execução;

( ) e) agravo de petição, no prazo de 8 (oito) dias contados da garantia do juízo, no qual só poderá impugnar a sentença de liquidação.

36 – Magistratura do Trabalho – 15ª Região – XXV concurso – 4/2011
O juízo a quo deferiu a antecipação dos efeitos da tutela em sentença e

DETERMINOU A IMEDIATA REINTEGRAÇÃO DO TRABALHADOR, INDEPENDENTEMENTE DO TRÂNSITO EM JULGADO. A RECLAMADA PRETENDE BUSCAR, DE IMEDIATO, A SUSPENSÃO DA ORDEM DE REINTEGRAÇÃO E, POSTERIORMENTE, DISCUTIR O CONTEÚDO DA DECISÃO. ASSINALE A PRIMEIRA PROVIDÊNCIA QUE DEVE ADOTAR:

( ) a) apresentar mandado de segurança;

( ) b) apresentar ação cautelar;

( ) c) apresentar o recurso ordinário, com preliminar de suspensão da decisão proferida;

( ) d) apresentar mera petição ao protocolo do Tribunal, que será distribuída a um dos magistrados que se tornará prevento para análise do recurso a ser aviado;

( ) e) nenhuma das alternativas anteriores.

37 – MAGISTRATURA DO TRABALHO – 15ª REGIÃO – XXV CONCURSO – 4/2011
ASSINALE A ALTERNATIVA INCORRETA:

( ) a) a ausência de recolhimento das custas, por parte das empresas em liquidação extrajudicial, não acarreta a deserção do recurso por ela interposto;

( ) b) em caso de condenação solidária de duas ou mais empresas, o depósito recursal efetuado por uma delas aproveita às demais, quando a empresa que o efetuou não pleiteia sua exclusão da lide;

( ) c) a Fazenda Pública, quando condenada subsidiariamente pelas obrigações trabalhistas devidas pela empregadora principal, não se beneficia da limitação dos juros que normalmente lhe é aplicável;

( ) d) é necessário que a matéria veiculada no recurso adesivo seja relacionada com a do recurso interposto pela parte contrária;

( ) e) a isenção das custas previstas para os órgãos da administração pública direta e indireta que não explorem atividade econômica não alcança as entidades fiscalizadoras da atividade profissional.

38 – MAGISTRATURA DO TRABALHO – 15ª REGIÃO – XXV CONCURSO – 4/2011
A RESPEITO DAS CUSTAS PROCESSUAIS, ASSINALE A ALTERNATIVA INCORRETA:

( ) a) no processo de execução as custas são devidas, sendo pagas ao final, sempre de responsabilidade do executado;

( ) b) tratando-se de empregado que não tenha obtido o benefício da justiça gratuita ou isenção de custas, o sindicato que houver intervindo no processo responderá solidariamente pelas custas devidas;

( ) c) ocorre deserção do recurso pelo recolhimento insuficiente das custas ainda que a diferença seja ínfima, referente a centavos;

( ) d) no caso de inversão do ônus da sucumbência em segundo grau, sem acréscimo ou atualização do valor das custas e se estas já foram devidamente recolhidas, descabe um novo pagamento pela parte vencida, ao recorrer;

( ) e) é necessária a outorga de poderes especiais ao patrono da causa para firmar declaração de insuficiência econômica, destinada à concessão dos benefícios da justiça gratuita.

39 – MAGISTRATURA DO TRABALHO – 15ª REGIÃO – XXV CONCURSO – 4/2011
ASSINALE A ALTERNATIVA CORRETA:

( ) a) a fixação da competência territorial da ação civil pública deve ser estabelecida em função da extensão do dano causado ou a ser reparado, sendo certo que se este for de âmbito suprarregional, o foro é o do Distrito Federal;

( ) b) é possível a regularização da representação processual na fase recursal em mandado de segurança quando se constata que a procuração outorgada a advogado confere poderes apenas e exclusivamente para ajuizamento de reclamação trabalhista;

( ) c) a contagem do prazo decadencial para ajuizamento de mandado de segurança opera-se do efetivo ato coator, que corresponde àquele que ratificou a tese hostilizada;

( ) d) a rejeição, na Vara do Trabalho, de exceção de incompetência em razão do lugar comporta interposição imediata de recurso;

( ) e) a ação cautelar é o meio processual hábil a postular a concessão de efeito suspensivo a recurso interposto em mandado de segurança.

40 – MAGISTRATURA DO TRABALHO – 14ª REGIÃO – XVII CONCURSO – 2/2011
EM UMA AÇÃO TRABALHISTA TÍPICA, MOVIDA POR EMPREGADO CONTRA EX-EMPREGADOR HOUVE SENTENÇA DE MÉRITO, JULGANDO A DEMANDA PROCEDENTE EM PARTE. DA SENTENÇA O ADVOGADO DO RECLAMADO RECORREU ORDINARIAMENTE, MAS O RECURSO NÃO FOI PROVIDO. O ADVOGADO DO RECLAMADO ENTÃO INTERPÔS RECURSO DE REVISTA APENAS REPETINDO, UM A UM, OS ARGUMENTOS CONSTANTES DO RECURSO ORDINÁRIO ANTERIORMENTE APRESENTADO. CONSIDERADOS OS DADOS SUPRAMENCIONADOS E AS SÚMULAS DO TST, ASSINALE A ALTERNATIVA CORRETA:

( ) a) O recurso deve ser conhecido e apreciado pelo TST;

( ) b) O recurso não pode ser conhecido, pois não era caso de recurso de revista;

( ) c) O recurso não pode ser conhecido, pois as razões do recorrente não impugnaram os fundamentos da decisão recorrida;

( ) d) O recurso deve ser reconhecido, pois a parte pode alegar o que quiser nas razões apresentadas;

( ) e) O recurso deve ser conhecido, por força do princípio do duplo grau de jurisdição.

BIBLIOGRAFIA

CARRION, Valentin. *Comentários à consolidação das leis do trabalho*. 4. ed. São Paulo: Saraiva.

GIGLIO, Wagner D. *Direito processual do trabalho*. 11. ed. São Paulo: Saraiva, 2000.

LEITE, Carlos Henrique Bezerra. *Curso de direito processual do trabalho*. 9. ed. São Paulo: LTr, 2011.

MARTINS, Sergio Pinto. *Direito processual do trabalho*. São Paulo: Atlas, 2001.

NASCIMENTO, Amauri Mascaro. As transformações do recurso ordinário. In: COSTA, Armando Casimiro; FERRARI, Irany (coords.). *Recursos trabalhistas* – estudos em homenagem ao ministro Vantuil Abdala. São Paulo: LTr, 2003.

MOREIRA, José Carlos Barbosa. *Comentários ao código de processo civil*. 11. ed. Rio de Janeiro: Forense, 2004. v. V.

NERY JUNIOR, Nelson. *Teoria geral dos recursos*. São Paulo: Revista dos Tribunais.

SILVA, De Plácido e. *Comentários ao código de processo civil*. 3. ed. Curitiba: Guaíra, 1949. v. 4.

SOUZA, Bernardo Pimentel. *Introdução aos recursos cíveis e à ação rescisória*. 2. ed. Belo Horizonte: Maza, 2001.

TEIXEIRA FILHO, Manoel Antonio. *Sistema dos recursos trabalhistas*. 10. ed. São Paulo: LTr, 2003.